J'ai essayé de décrire certains traits de ce à quoi ressemble la vie morale, sans rien dire de ce à quoi elle doit ressembler. Nos pratiques sont exploratoires, et c'est en vérité seulement par leur exploration que nous en venons à une vision complète de ce que nous pensions, de ce que nous voulions dire.

Cora Diamond, *L'esprit réaliste*

La forme de la règle

DANS LA MÊME COLLECTION

Richard MORAN, *Autorité et aliénation. Essai sur la connaissance de soi*, 2013.

Roberto FREGA, *Les sources sociales de la normativité*, 2013.

Piergiorgio DONATELLI, *Manières d'être humain. Une autre philosophie morale*, 2014.

Estelle FERRARESE, *Éthique et politique de l'espace public. Jürgen Habermas et la discussion*, 2015.

Soumaya MESTIRI, *Décoloniser le féminisme. Une approche transculturelle*, 2016.

Patrick PHARO, *La belle vie dorée sur tranche*, 2017.

Hugo CLÉMOT, *Cinéthique*, 2018.

Gérard BENSUSSAN, *Les deux morales*, 2019.

Anne LE GOFF, *L'animal humain*, 2020.

DAVID ZAPERO

La forme de la règle

Kant, l'éthique et la subjectivité

La vie morale

VRIN

Directrice de collection :
Sandra Laugier

Imprimé en France
ISSN 2272-3781
ISBN 978-2-7116-2990-9
www.vrin.fr

INTRODUCTION

Il n'y a rien de surprenant à première vue à ce qu'on ait porté tant d'attention, dans l'étude de la philosophie pratique de Kant, à la loi morale – à sa fonction, son application et, bien sûr, à sa justification. L'intérêt qu'on a accordé à cette notion semble correspondre à la place qu'elle occupe dans la philosophie kantienne. La loi morale est le cœur de la doctrine morale kantienne, elle en est le « principe suprême », et il paraît donc cohérent de la placer aussi au centre de l'étude de cette doctrine.

Or, il n'est pas certain que cet intérêt pour la loi morale s'explique uniquement en termes de fidélité à la philosophie de Kant. Une certaine conception prédominante de l'éthique y est certainement pour quelque chose aussi. C'est une conception que Kant a peut-être contribué à répandre – nous y reviendrons –, mais elle a conditionné à son tour le regard qu'on porte sur le philosophe allemand. Il ne s'agit pas tant d'un ensemble de thèses philosophiques que d'une certaine idée, plus ou moins explicite, du *sujet* même de l'éthique et des problèmes dont doit s'occuper ce champ de pensée.

Deux partages sont ici à noter. Le premier partage est celui entre les obligations de type moral et les obligations d'un autre type. D'après une conception de l'éthique qui est prédominante dans la philosophie moderne, la réflexion éthique porte sur une certaine classe d'obligations. Cette classe serait bien distincte des obligations ordinaires, de celles de la prudence, par exemple, ou de celles qu'implique un rôle social (les obligations de l'enseignant, de l'amphitryon, du parent, etc.). On admet donc qu'il existe une différence de nature entre les obligations morales et d'autres types d'obligation. En général, on explique la spécificité des obligations morales en recourant à la notion d'inconditionnel : le statut de ces obligations serait, à certains égards décisifs, indépendant de toute circonstance et de tout contexte. La morale se distinguerait par la légitimité particulière qui revient aux principes qui sont les siens. Contrairement aux obligations ordinaires, qui n'ont de prise sur nous que sous telle ou telle condition, les obligations morales auraient une autorité qui est immune aux variations de circonstance et de contexte.

Que ces obligations constituent une classe à part n'exclut certainement pas qu'on puisse découvrir que certaines obligations ordinaires sont en réalité aussi des obligations morales. Il peut s'avérer que certaines exigences sociales possèdent l'autorité caractéristique de la morale. Peut-être que certaines règles de civilité, par exemple, ont le statut d'une exigence morale. Mais une telle découverte ne remet pas en cause la distinction en question, elle la présuppose. Si on peut découvrir que certaines obligations apparemment non morales sont en réalité des obligations morales, c'est parce qu'on admet une distinction catégoriale entre ces deux ensembles.

Le second partage décisif pour la philosophie morale moderne est celui entre éthique et méta-éthique. Il s'agit d'une distinction entre des questions portant directement sur ce que nous devons faire et des questions philosophiques de second degré portant sur les présupposés et les implications des réponses qu'on donne au premier type de questions. Ce partage est évidemment étroitement lié à celui que nous venons de présenter. Car ce second partage s'appuie sur une certaine conception de l'autonomie de l'éthique. On suppose que la réponse à la question traditionnelle de l'éthique, celle de savoir ce qu'est la vie bonne, peut prendre la forme d'un ensemble de règles ou de principes prescrivant comment nous devons agir. En effet, une fois qu'on a admis cela, il convient de distinguer entre des questions éthiques à proprement parler, portant sur ce que nous devons faire (« quelles sont nos obligations morales ? »), et des questions dites méta-éthiques portant sur les réponses que nous donnons à ce premier ensemble de questions. Il y a, d'un côté, les questions « immédiates » quant à ce que nous devons faire sur un plan moral, et, de l'autre, les questions philosophiques concernant la démarche et la justification de ces principes moraux.

Or ces deux partages sont ancrés dans la tendance générale qu'on trouve dans la philosophie moderne à analyser les questions morales au prisme de la notion de *règle*. On pourrait même considérer que ces deux partages sont deux versants de l'approche légaliste qu'a épousée la pensée morale moderne : ils seraient deux versants d'une perspective qui place la notion de règle au centre de la réflexion morale. Une telle caractérisation de la démarche ne peut cependant pas suffire. Elle admet une équivalence qui n'a rien d'évident, celle entre règle et prescription. En effet, la philosophie morale moderne donne une place centrale non pas tant à la notion de règle qu'à celle de *prescription*. C'est seulement parce que cette perspective assimile ensuite, plus ou moins subrepticement, prescription et règle qu'on peut avoir l'impression qu'elle place la notion de règle au cœur de l'analyse éthique.

En effet, la pensée morale moderne ne s'intéresse pas au même degré à toutes les dimensions de la norme. L'étude des normes effectives ou réelles, celles qui régissent une forme de vie ou une pratique, ne fait pas partie, pour cette pensée, du domaine de la philosophie morale. Celle-ci devrait au contraire s'intéresser à ce qui *reste* lorsqu'on fait abstraction de tout élément effectif, c'est-à-dire lorsqu'on considère la norme comme impératif ou comme prescription.

D'après cette conception, la philosophie morale peut, à l'occasion, porter son regard sur des normes effectives. Mais elle doit alors faire abstraction de leur réalité. Lorsqu'il s'occupe des normes effectives, le philosophe doit mettre en suspens leur effectivité et en analyser seulement le versant prescriptif. Il doit donc s'interroger avant tout sur la question de savoir si ces normes sont celles auxquelles nous *devrions* nous tenir. C'est pourquoi la question des fondements occupe une place centrale dans la philosophie morale ainsi conçue : une fois qu'on a fait abstraction de la prise effective que les normes ont sur nos vies, on se heurte inévitablement à la question de savoir ce qui pourrait la justifier.

La pensée morale moderne institue ainsi une coupure entre deux ensembles de questions qui précédemment constituaient un seul champ de recherche. Comme le fait remarquer Vincent Descombes,

> chez nous la « philosophie des affaires humaines », qui est souvent limitée à l'éthique personnelle, est coupée en deux. D'un côté, nous reconnaissons aux philosophes le domaine des fondements : à eux de chercher si nous avons besoin d'un fondement ultime de nos jugements. De l'autre, nous sommes persuadés que ce que Kant appelait encore *l'anthropologie exposée d'un point de vue pragmatique* appartient aux « sciences humaines » (dont les philosophes feront, au mieux, l'épistémologie). Autant dire que la *philosophie pratique* est chez nous coupée de ce qui lui servait de terrain nourricier en un temps plus favorable à cette sorte de pensée [1].

Comme on assimile l'idée de norme pratique à celle de prescription, on est conduit à opérer une distinction fondamentale entre les questions proprement morales, qu'on suppose d'ordre prescriptif, et l'étude des pratiques réelles. On délègue cette dernière étude entièrement aux sciences sociales, qui sont censées expliquer ces pratiques dans leur fonctionnement effectif. Ces considérations conditionnent aussi tout rapport de la philosophie morale aux arts. La littérature et le cinéma peuvent nous fournir des exemples de problèmes moraux, « illustrer » les difficultés que ces problèmes suscitent, mais ils ne font pas partie, eux non plus, de l'interrogation proprement morale [2].

Il n'y a pas de doute que la philosophie kantienne, ou du moins sa réception, a contribué de façon décisive au développement d'une telle conception de la philosophie morale [3]. Or, contrairement à ses épigones et à la plupart de ses héritiers, Kant a lui-même thématisé les difficultés majeures que soulève cette conception. Il a peut-être

1. V. Descombes, *Proust : philosophie du roman*, Paris, Minuit, 1987, p. 17.

2. Voir C. Diamond, « Having a Rough Story About What Moral Philosophy Is », *New Literary History* 1, vol. 15, 1983 ; S. Laugier (éd.), *Éthique, littérature, vie humaine*, Paris, P.U.F., 2006.

3. Voir notamment G.E.M. Anscombe, « Modern Moral Philosophy », *Philosophy* 124, vol. 33, 1958 et B. Williams, *Ethics and the Limits of Philosophy*, Cambridge, Harvard University Press, 1986, chap. 10.

contribué à l'installation de cette conception, mais il ne l'a pas fait sans en mesurer les difficultés et les implications. C'est en tout cas ce que nous cherchons à montrer dans ce travail.

Notre étude porte donc sur des questions qui se situent en amont de celles auxquelles on s'intéresse d'habitude. Nous nous interrogeons ici sur l'analyse que propose Kant des partages par lesquels on délimite normalement le champ de la philosophie morale. Nous nous intéressons, plus précisément, à son analyse des deux partages déjà évoqués, celui entre des normes morales et d'autres types de normes, et celui entre la morale et sa justification. En un certain sens, c'est une étude des fondements de l'éthique kantienne, mais, évidemment, non pas au sens habituel de « fondements ». Car il ne s'agit pas, au premier chef, d'examiner la tentative qu'entreprend Kant de justifier sa doctrine morale. Non que nous ignorerons cette tentative ; nous lui vouerons, bien sûr, des analyses détaillées. Mais notre travail porte d'abord sur les présupposés et sur le sens de cette justification. Nous venons de le souligner : il faut bien qu'on ait admis une certaine conception de la morale pour que la question traditionnelle de sa justification puisse se poser. Ce sont les choix théoriques conduisant à cette question qui nous intéressent ici. Pourquoi la philosophie morale doit-elle commencer par faire abstraction de la prise qu'ont effectivement sur nous les normes régissant nos vies afin d'essayer ensuite de reconstruire cette prise et de la justifier ?

Quoique notre but ne soit pas de réhabiliter la philosophie pratique kantienne, notre projet a des affinités importantes avec certaines tentatives contemporaines de revendiquer l'œuvre du philosophe allemand. Il convient de présenter ici ces rapports afin de préciser l'horizon de notre analyse.

Dans *The Bounds of Sense*, P.F. Strawson chercha à distinguer entre deux versants de la philosophie théorique de Kant, ce qu'il appela les « deux visages de la *Critique* »[1]. A l'en croire, on devait

1. P.F. Strawson, *The Bounds of Sense : An Essay on Kant's* Critique of Pure Reason, London, Methuen, 1966, p. 15-23.

notamment distinguer entre la conception kantienne de l'expérience d'un côté, et la doctrine officielle de l'idéalisme transcendantal, servant de cadre pour toute l'entreprise théorique, de l'autre. En effet, Strawson soutient que l'idéalisme transcendantal finit par obscurcir la nouveauté et l'originalité de la notion d'expérience déployée dans la première *Critique*. Il tâche de démêler ces « deux visages » de la *Critique* afin de rendre apparent les bénéfices théoriques de la notion kantienne d'expérience.

Ce projet a été prolongé par John McDowell, qui dans une série d'articles et dans *L'esprit et le monde* cherche à réhabiliter cette notion[1]. D'après McDowell, l'intérêt principal de ladite notion consisterait en ceci qu'elle implique le refus d'une conception répandue et excessivement contraignante de l'objectivité[2]. Kant refuserait la thèse suivant laquelle une pensée serait objective seulement si on peut déterminer sa vérité sans avoir recours à des capacités irréductiblement particulières. Kant rejetterait en effet un certain universalisme : une perspective dans laquelle toute pensée objective, susceptible d'être ou vraie ou fausse, serait en principe accessible à toute créature capable d'entretenir de telles pensées. Dans la perspective kantienne, des capacités particulières, dont le fonctionnement ne se laisse pas saisir de l'extérieur, c'est-à-dire par quelqu'un qui ne possède pas lui-même cette capacité, seraient souvent requises pour saisir des pensées tout à fait objectives[3].

1. Dans ses écrits plus récents, et notamment dans les *Woodbridge Lectures*, McDowell remet en question la thèse des « deux visages ». Il soutient au contraire que l'idéalisme transcendantal est compatible avec la perspective philosophique qui se dégage des analyses kantiennes de l'expérience. Sur ce point, voir J. McDowell, « Having the World in View : Kant, Sellars and Intentionality », in *Having the World in View : Essays on Kant, Hegel and Sellars*, Cambridge, Harvard University Press, 2009.

2. Voir notamment J. McDowell, « Two Sorts of Naturalism », in *Mind, Value, and Reality*, Cambridge, Harvard University Press, 1998.

3. McDowell associe cette thèse critique à une thèse positive que, à l'en croire, on trouverait aussi dans la *Critique de la raison pure*. Il s'agit de la thèse selon laquelle le contenu de l'expérience serait « conceptuel ». Nous n'avons pas à nous occuper ici de cette thèse et de la question de savoir si vraiment elle découle de la thèse critique. Car c'est surtout cette dernière qui est censée constituer le « visage »

Il convient de distinguer cette perspective d'autres projets semblables afin d'en comprendre la portée. La perspective kantienne, telle que la conçoit McDowell, ne se limite pas à nier que toute pensée objective est à la portée de toute créature capable de saisir des telles pensées. On peut nier cela et néanmoins admettre que ces pensées sont *en principe* à la portée de tout penseur. Qu'une créature rationnelle ne soit pas à même de saisir telle ou telle vérité n'exclut pas que toute vérité soit en principe accessible à une telle créature. On doit en effet distinguer entre une accessibilité *de fait* et une accessibilité *de droit*. Pour McDowell, c'est l'accessibilité de droit que la perspective kantienne remet en question.

Ce rejet entraine-t-il une redéfinition de la notion d'objectivité ? À en croire McDowell, l'originalité du projet kantien tient à ceci qu'il répond à cette question par la négative. Qu'il y ait des pensées objectives dont la saisie requiert des capacités irréductiblement particulières ne signifie pas qu'on doit redéfinir notre notion ordinaire d'objectivité. La perspective kantienne nous permettrait de refuser le choix suivant : soit les capacités requises pour saisir une vérité sont toujours universelles et l'objectivité de la vérité est garantie, soit certaines de ces capacités sont irréductiblement particulières et l'objectivité de la vérité se voit compromise.

En effet, la perspective kantienne remettrait en question un certain *idéal* de l'objectivité. Un idéal qu'admettent à la fois ceux qui considèrent qu'on peut entretenir des pensées véritablement objectives parce qu'il existe des capacités universelles et ceux qui s'y opposent parce qu'ils considèrent que les capacités déployées dans la pensée sont, au moins la plupart du temps, irréductiblement particulières. La fécondité de la philosophie théorique kantienne tiendrait à ceci qu'elle donnerait un sens à la possibilité suivante : nous pouvons entretenir des pensées objectives, dont la vérité dépend uniquement des choses elles-mêmes, tout en mobilisant des

novateur de la *Critique*. Sur le rapport entre les deux thèses, voir J. Benoist, « "Le mythe du donné" et les avatars du kantisme analytique », *Revue de métaphysique et de morale* 44, 2004 et C. Travis « Reason's Reach », *European Journal of Philosophy* 2, vol. 15, 2007.

capacités irréductiblement particulières. Dans une telle perspective, l'acquisition de ces capacités nous rend sensible à une réalité indépendante : « les exigences de la raison sont essentiellement de telle sorte que l'éducation peut les rendre visibles à un individu humain. »[1]

Notre étude cherche à montrer qu'on trouve un geste analogue dans la philosophie pratique de Kant. Dans sa philosophie pratique aussi, Kant tâche de remettre en cause un certain idéal de l'objectivité. Il ne s'agit pas, bien sûr, de l'objectivité des jugements empiriques, mais de l'objectivité des normes pratiques. D'après notre lecture, Kant s'attaque à une conception répandue de la réalité des normes pratiques, laquelle a structuré tout un pan des débats modernes sur la raison pratique. Comme dans la philosophie théorique, ce refus implique une critique de deux perspectives opposées et apparemment complémentaires.

D'une part, Kant s'oppose à toute tentative de donner à la morale un soubassement ontologique. Comme autant de philosophes modernes, il tâche, lui aussi, d'élaborer une éthique *sans* ontologie. Il refuse notamment tout recours à une téléologie naturelle ou à un ordre préétabli. Or, pour Kant, ce rejet de l'ontologie a des conséquences que nombre d'autres auteurs n'admettent pas. Aux yeux du philosophe allemand, le rejet de l'ontologie implique notamment une interdiction de recourir à l'anthropologie : contrairement à ce que prônent les empiristes de son temps (et du nôtre), on devrait, dans la philosophie morale, s'abstenir d'un recours aux « sciences de l'homme ».

Comme nous allons le montrer, cette thèse ne s'explique pas par une décision préalable de donner une certaine forme à l'éthique : elle tire sa source d'une analyse de la raison pratique en général. Elle se nourrit, plus précisément, d'une réflexion sur le raisonnement instrumental. C'est déjà à ce niveau que Kant s'oppose au projet empiriste : il rejette la thèse empiriste suivant laquelle l'autorité des normes instrumentales découlerait de certaines vérités condition-

1. J. McDowell, *Mind and World*, Cambridge, Harvard University Press, 1994, p. 92.

nelles préalables. D'après Kant, aucune proposition théorique ne saurait étayer cette autorité. Même au niveau des normes instrumentales le recours aux propositions théoriques serait illégitime.

Or, tout en refusant le recours à l'ontologie, Kant soutient que l'autorité des normes pratiques n'est pas moins objective ou moins réelle qu'elle ne le serait si on pouvait recourir à l'ontologie. Ce déni peut surprendre. Pourquoi souligner que la perspective qu'on tient pour vraie n'implique pas des désavantages par rapport à une autre qu'on tient pour fausse ? On voit mal pourquoi on s'interrogerait sur le statut qu'auraient les normes pratiques si, *per impossibile*, on pouvait recourir à l'ontologie.

Il convient de souligner que cette impossibilité est, pour Kant, une impossibilité stricte. La plupart des auteurs qui défendent une éthique sans ontologie le font avec une attitude défiante car ils imaginent que le recours à l'ontologie est rassurant. Ils supposent que *s*'il était possible, ce recours permettrait d'accorder à l'éthique une réalité robuste. Pour ceux qui croient à la possibilité d'un tel recours, celui-ci serait réconfortant. Peut-être qu'en dernier instance l'impossibilité de recourir à l'ontologie est souhaitable, mais la découverte de cette impossibilité impliquerait inévitablement une désillusion. La téléologie et le perfectionnisme des Anciens seraient des chimères dont nous nous sommes heureusement débarrassé, mais ils seraient tout de même rassurants, et leur disparition requerrait une période de deuil.

Sur ce point, la position de Kant est fondamentalement différente. Chez le philosophe, on ne trouve pas ce récit de la désillusion. Sa défense d'une éthique sans ontologie est implacable parce qu'elle se nourrit de la conviction qu'une telle éthique n'implique *aucun* sacrifice. Certes, on trouve parfois des appels au courage, comme le célèbre « *sapere aude !* » dans *Qu'est-ce que les Lumières ?* On retrouve aussi d'autres injonctions semblables à celles qu'on trouve chez les encyclopédistes ou chez Voltaire. Mais, à y regarder de plus près, on s'aperçoit que le sens de ces injonctions est, chez Kant, très différent de celui qu'elles ont chez les autres *Aufklärer.* Car pour

Kant le rejet du dogmatisme, et de la soumission qui va de pair, n'implique pas de véritable sacrifice :

> Que la plupart des hommes (et parmi eux le sexe faible tout entier) finissent par considérer le pas qui conduit à la majorité, et qui est en soi pénible, également comme très dangereux, c'est ce à quoi ne manquent pas de s'employer ces tuteurs qui, par bonté, ont assumé la tâche de veiller sur eux. Après avoir rendu tout d'abord stupide leur bétail domestique, et soigneusement pris garde que ces paisibles créatures ne puissent oser faire le moindre pas hors du parc où ils les ont enfermées, ils leur montrent ensuite le danger qu'il y aurait à essayer de marcher tout seul. Or le danger n'est sans doute pas si grand que cela, étant donné que quelques chutes finiraient bien par leur apprendre à marcher; mais l'exemple d'un tel accident rend malgré tout timide et fait généralement reculer devant toute autre tentative [1].

Le danger de l'émancipation ne serait pas du tout celui qu'on s'imagine avant d'être émancipé. On trébucherait quelques fois, mais rien de plus grave ne pourrait se passer. Il n'y aurait de risque majeur ou de sacrifice important à craindre.

En effet, en s'émancipant du dogmatisme, on n'aurait même pas *l'impression* d'une perte de réalité ou d'objectivité. C'est pourquoi « la paresse et la lâcheté » invoquées dans le passage cité ne peuvent avoir le même poids chez Kant que chez d'autres auteurs de l'époque. La lâcheté devient un obstacle lorsqu'on admet que l'émancipation requiert du courage. Elle peut occuper une place centrale dans un récit d'émancipation si l'émancipation implique un sacrifice. Mais c'est précisément ce que nie Kant :

> La paresse et la lâcheté sont les causes qui expliquent qu'un si grand nombre d'hommes, alors que la nature les a affranchis depuis longtemps de toute direction étrangère (*naturaliter maiorennes*), restent cependant volontiers, leur vie durant, mineurs; et qu'il soit si facile à d'autres de se poser comme leurs tuteurs. Il est si commode d'être mineur. Si j'ai un livre qui me tient lieu d'entendement, un

1. WA, Ak VIII, 35-36. Pour les abréviations des œuvres de Kant, voir *infra*, p. 165.

> directeur qui me tient lieu de conscience, un médecin qui juge de mon régime à ma place, etc., je n'ai pas besoin de me fatiguer moi-même. Je ne suis pas obligé de penser, pourvu que je puisse payer ; d'autres se chargeront pour moi de cette besogne fastidieuse [1].

C'est donc finalement la paresse et l'ignorance qui doivent expliquer l'état de *selbstverschuldete Unmündigkeit* dans lequel on est resté pendant des longs siècles. Car le rejet des systèmes dogmatiques n'implique aucune perte véritable. Il n'implique même pas l'impression d'une perte.

La position de Kant est particulière en ceci que tout en rejetant le recours à l'ontologie, elle prétend pouvoir accorder à l'éthique une objectivité qui n'est pas moins robuste que celle à laquelle aspire une perspective ontologique. Que nous ne puissions pas, sur un plan ontologique, étayer les exigences de l'éthique ne signifie pas pour Kant que ces exigences soient moins objectives que si nous avions pu le faire. Kant refuse une certaine équivalence entre objectivité et facticité : l'objectivité du champ de l'éthique ne requiert pas l'existence d'une sphère de donnés.

Dans la perspective ontologique que nous venons d'évoquer, une norme pratique n'est objective que lorsque son autorité est entièrement indépendante des actes qu'elle sert à évaluer. La réalité d'une norme se confond avec son extériorité vis-à-vis de ce qu'elle sert à normer : elle est ce qui reste lorsqu'on met en suspens tout ce qui est de l'ordre de la pratique effective. Dans une telle perspective, il faut, pour cerner la réalité propre à une norme, faire abstraction de nos façons de procéder, du fait qu'on se tient effectivement à telle ou telle norme. En tant que norme, elle serait uniquement un « devoir être », une prescription.

Or, à en croire notre lecture, on trouve au cœur de la philosophie pratique kantienne une tentative de mettre en question cette conception. Kant s'oppose à la thèse suivant laquelle les principes pratiques sont réels dans l'exacte mesure où ils sont indépendants de nos pratiques : il soutient que cette indépendance n'est nullement

1. WA, Ak VIII, 35.

requise pour que l'éthique ait la réalité que le dogmatisme lui accorde. En effet, si Kant considère que le rejet de l'ontologie n'implique aucune désillusion, c'est parce qu'il refuse l'idéal qui donne un sens à cette désillusion.

À en croire notre interprétation, ce geste occupe une place centrale dans la tentative kantienne de dégager les principes de la morale. La recherche de tels principes se confond chez Kant avec l'effort pour trouver un registre de normes qui n'est pas de l'ordre des prescriptions. Cette recherche consiste, plus précisément, à montrer que l'autorité des prescriptions pratiques dépend d'exigences dont l'autorité est inséparable de l'action effective. En effet, *l'idée* de la loi morale – de ce que Kant appelle aussi une loi pratique – est inextricablement liée à une perspective dans laquelle on cherche à délimiter le registre de la norme à même l'acte effectif.

Force est de constater que, dans sa tentative de concrétiser cette idée, Kant finit par rétablir un lien étroit entre les normes et les prescriptions. Car il soutient que le registre des normes se laisse saisir par une prescription dont les différentes présentations sont bien connues (à supposer qu'elles soient effectivement, comme le prétend Kant, des présentations différentes d'une même prescription). Nous ne cherchons pas, dans notre analyse, à minimiser l'importance de ce versant de la pensée de Kant, de ce qu'il convient d'appeler son rigorisme. Il s'agit, bien au contraire, de comprendre la décision d'accorder à cette prescription une place centrale dans la réflexion éthique. Or le point crucial consiste en ceci que, chez Kant, cette décision n'est pas le point de départ de l'analyse, comme chez d'autres auteurs, mais le terme d'un parcours. C'est après avoir situé la réalité des normes à même notre agir et avoir associé cette réalité à l'effectivité de l'action, que Kant en viendra à rabattre le registre des normes sur celui des prescriptions, et à identifier la morale avec la classe de prescriptions inconditionnelles.

Remerciements

Les travaux qui ont conduit à ce livre ont été réalisés pour l'essentiel entre 2011 et 2015. S'inscrivant dans l'horizon théorique esquissé ci-dessus, ils s'appuyaient sur la conviction que la philosophie devait revenir sur les interrogations majeures de l'œuvre kantienne.

Une partie de ces travaux a d'abord été présentée dans une thèse de doctorat soutenue à l'Université Paris 1 ; à cette occasion, j'ai pu bénéficier des commentaires et des critiques de Markus Gabriel, Jean-François Kervégan, Dominique Pradelle et Richard Moran. Une conversation avec Raymond Geuss en 2010 a joué un rôle important dans ma décision d'écrire ce livre. Celui-ci n'aurait pas vu le jour sans l'encouragement et les critiques de Sandra Laugier. Je remercie également Robert Pippin, avec qui j'ai pu discuter sur ce travail pendant un séjour au Committee on Social Thought de l'Université de Chicago, et Eduardo Marchesan, dont les commentaires sur une des premières versions du manuscrit m'ont été précieux. Le manuscrit a connu de nombreux remaniements : tous ont fait l'objet de conversations avec Paula Galhardo. Qu'il me soit finalement permis de remercier à Jocelyn Benoist, à qui je voudrais dire ma gratitude pour tout ce que, philosophiquement, je dois à son soutien et à son amitié intellectuelle.

PREMIÈRE PARTIE

ENGAGEMENT ET CONTRAINTE

Das Wörtlein Gesetz musst du hier nicht verstehen menschlicher Weise, dass es eine Lehre sei, was für Werke zu tun oder zu lassen sind, wie es mit Menschengesetzen zugehet, da man dem Gesetz mit Werken genug tut, ob das Herz schon nicht da ist. Gott richtet nach des Herzens Grund, darum fordert auch sein Gesetz des Herzens Grund und lässt sich an Werken nicht begnügen, sondern straft vielmehr die Werke ohne Herzens Grund getan als Heuchelei und Lügen.

Martin Luther, *Vorrede auf die Epistel Sankt Paulus an die Römer*

Chapitre premier

LA LETTRE ET L'ESPRIT DE LA LOI

D'après une conception répandue de l'impératif catégorique kantien, cet impératif sert à délimiter un certain nombre de règles de conduite. Il serait en effet un étalon nous permettant d'identifier les maximes qui satisfont les exigences de la morale. On s'appuie volontiers sur la notion de forme pour présenter cette conception de l'impératif catégorique : celui-ci servirait à déterminer si, oui ou non, une maxime a une certaine forme, à savoir celle que possèdent les maximes conformes à la loi morale. Toute personne en proie à une difficulté d'ordre moral pourrait recourir à l'impératif catégorique et l'imposer à sa maxime afin d'établir si celle-ci a la forme requise. Une personne exaspérée par sa situation financière, par exemple, pourrait, avant d'agir, s'arrêter et s'interroger si sa maxime possède la forme dégagée par l'impératif catégorique [1]. Celui-ci serait donc une sorte de moule qui se laisse appliquer à une maxime quelconque afin d'en déterminer la valeur morale.

On suppose en effet que l'impératif catégorique est la solution que Kant apporte au problème (supposément) central de la philosophie morale, celui de trouver les normes ultimes selon lesquelles nous devons agir [2]. Or, comme nous allons le montrer dans ce premier chapitre, il n'est pas certain que ce célèbre impératif constitue une réponse à cette question.

1. GMS, Ak IV, 422.

2. John Rawls tire les dernières conséquences d'une telle perspective lorsqu'il admet une distinction entre, d'un côté, des impératifs catégoriques particuliers et, de l'autre, la formule générale qui est censée délimiter ces règles particulières et qui comporte une procédure pour le faire, procédure que Rawls appelle la « CI-procedure ». Voir ses *Lectures on the History of Moral Philosophy*, Cambridge, Harvard University Press, 2000, p. 162-180.

Même à première vue, cette interprétation soulève plusieurs difficultés. Il est, premièrement, difficile de la réconcilier avec la fonction que Kant accorde à la notion de forme. Si vraiment l'impératif catégorique servait à dégager un trait que possèdent certaines maximes, Kant n'admettrait pas que la loi de la raison pratique dégage la forme de *la* maxime. Tout indique que, pour Kant, la loi morale saisit non telle ou telle forme particulière mais au contraire la forme de la maxime *en général*. À certains endroits, Kant finit même par déclarer que la loi morale *est* la forme de la maxime[1].

En outre, toute la démarche de la première section de la *Critique de la raison pratique* s'appuie, dans son effort pour dégager la loi morale, sur une procédure d'abstraction consistant à distinguer entre la matière des principes pratiques d'un côté, et leur forme de l'autre. Mais si la loi morale est le résultat d'un processus d'abstraction, elle ne peut pas être une forme parmi d'autres : elle est *la* forme du principe pratique. Son application à des principes pratiques particuliers ne peut pas, par conséquent, servir à délimiter un certain ensemble de principes. Il n'est donc pas certain qu'on puisse concevoir le recours à la loi morale comme le recours à un étalon qui permet de faire le tri entre les maximes qui sont conformes à la loi et celles qui ne le sont pas, entre les bonnes et les mauvaises.

En effet, il convient de s'interroger si, par sa conception de la loi morale, Kant cherche à introduire un nouveau concurrent dans le *Kampfplatz* de la morale. Cette loi est-elle au premier chef une tentative de répondre à l'ancienne question de savoir quel principe suprême doit servir de guide à toute action? (Comprise ainsi, cette question est-elle d'ailleurs si ancienne?) Nos considérations préliminaires ne nous permettent pas d'y répondre par l'affirmative. Comme nous le verrons encore, Kant cherche en réalité, par son recours à la notion de forme, à mettre en relief la rupture qu'il existe entre son projet et celui d'une longue tradition de philosophie morale. La loi morale a chez lui une fonction qui est différente de

1. GMS, Ak IV, 436 ; KpV, Ak V, 27.

celle que lui accordent les auteurs dans ladite tradition. Cette loi n'est pas, pour Kant, une pierre de touche à laquelle on peut recourir dans l'évaluation morale comme Moïse recourt aux commandements de Dieu lorsqu'il descend du mont Sinaï et accuse ses compatriotes d'avoir péché dans son absence en adorant un veau d'or. La loi morale n'est pas une prescription qui commande certains actes et en interdit d'autres. Elle n'est pas censée identifier des actes ou des intentions qui sont, en soi, obligatoires ou interdits (voilà en effet en quoi consisterait une loi *matérielle*).

Lorsqu'on examine de plus près les analyses que Kant propose de la notion d'impératif, on s'aperçoit que cette notion est plus difficile à définir qu'on n'aurait pu le penser. Il s'avère notamment que la différence entre les impératifs et l'autre type de règle pratique que Kant admet, les maximes, n'est pas facile à identifier. On se heurte à ces difficultés déjà au tout début de la *Critique de la raison pratique* :

> La règle pratique est toujours un produit de la raison parce qu'elle prescrit l'action, comme moyen, en vue de l'effet, comme intention. Mais cette règle est, pour un être chez qui la raison n'est pas, de manière totalement exclusive, fondement de la détermination de la volonté, un *impératif*, c'est-à-dire une règle qui comporte un devoir [*ein Sollen*] exprimant la contrainte objective imposant l'action [...][1].

On le voit, Kant suggère dans ce passage que pour les êtres finis les règles pratiques sont toujours des *impératifs*. Qu'en est-il alors des maximes ?

Certains choix terminologiques permettent de dissimuler les difficultés que soulève ce passage. Dans celui-ci il est question de *règles* pratiques, alors que la maxime a été définie, quelques lignes auparavant, comme un *principe* (subjectif). À première vue, les remarques suscitées ne concernent donc pas la notion de maxime. Encore est-il que le principe pratique est défini, dans la

1. KpV, Ak V, 20. Traduction modifiée.

toute première phrase du paragraphe en question (§ 1), comme un ensemble de règles. D'où la difficulté : si pour les êtres finis la règle pratique est toujours un impératif, quelle place peut-on attribuer à la maxime dans le tableau des différents types de règle pratique ? La suite de l'explication ne permet certainement pas de résoudre l'énigme. Comme si c'était évident, Kant conclut : « Les impératifs sont donc [!] objectivement valables et sont totalement distincts des maximes, en tant que ces dernières sont des principes subjectifs »[1]. Puis, dans la suite de la scolie, il n'est plus question de la maxime : Kant se concentre sur la distinction entre les deux types d'impératifs, les impératifs hypothétiques et les impératifs catégoriques.

C'est plutôt aux *Fondements de la métaphysique des mœurs* qu'on doit s'intéresser si on cherche une analyse détaillée de la notion de maxime et de ce qui la distingue de la notion d'impératif. Dans la première partie de cet ouvrage, on trouve une réflexion sur cette distinction et sur son origine. L'analyse est reprise en partie dans la section de la deuxième *Critique* portant sur les mobiles, et les considérations qui y sont présentées étayent, comme nous le verrons, les thèses avancées au début de ce même ouvrage. La première partie des *Fondements* est précieuse surtout parce qu'elle présente, de façon particulièrement explicite, *la question* à laquelle la notion de maxime est censée apporter une réponse, celle de savoir en quoi consiste au juste un accomplissement du devoir.

En effet, à cet endroit, Kant tâche d'identifier l'objet de l'évaluation morale, c'est-à-dire ce sur quoi porte le devoir. Il s'agit dans un premier moment de montrer que les actes ne peuvent pas être ce sur quoi portent nos jugements moraux parce qu'ils ne sont pas les porteurs de la valeur morale. Ces analyses, ou du moins les formules principales, sont bien connues : il ne suffirait pas, pour qu'un acte soit bon, qu'il soit conforme au devoir ; il faudrait, de surcroît, qu'on ait agi « par devoir ». D'où la conclusion selon laquelle les actes ne sauraient par eux-mêmes constituer le seul ni le principal objet de nos délibérations morales. Le caractère moral

1. KpV, Ak V, 20. Traduction modifiée.

de la conduite d'un individu dépendrait de sa disposition : a-t-il ou non agi *par* devoir ?

Pour illustrer la différence entre une simple conformité au devoir et un véritable accomplissement du devoir, Kant introduit de nombreux exemples qui, eux aussi, sont devenus célèbres. Des actes de bienveillance, insiste-t-il, seraient dépourvus de valeur morale s'ils sont uniquement conformes au devoir :

> [...] je prétends que dans ce cas une telle action, si conforme au devoir, si aimable qu'elle soit, n'a pas cependant de véritable valeur morale, qu'elle va de pair avec d'autres inclinations, avec l'ambition par exemple qui, lorsqu'elle tombe heureusement sur ce qui de fait est en accord avec l'intérêt public et le devoir, sur ce qui par conséquent est honorable, mérite louange et encouragement, mais non de l'estime ; car il manque à la maxime le contenu moral, c'est-à-dire que ces actions soient faites non par inclination, mais *par devoir* [1].

Cette distinction, entre les actes qui sont conformes au devoir et ceux qui sont accomplis par devoir, est la source d'un des reproches majeurs dont la philosophie morale kantienne fait l'objet : le reproche de rigorisme. La conception kantienne du devoir ferait dépendre la valeur morale d'un certain mobile censé être « moralement pur ». Des exemples comme le précédant semblent illustrer l'enjeu : Kant soutient que même des sentiments tels que la sympathie ne pourraient pas contribuer à l'accomplissement du devoir. D'où la plainte de Schiller : l'idée du devoir serait « exposée avec une rigueur propre à effrayer toutes les *Grâces*, et qui pourrait aisément tenter un esprit faible de chercher la perfection morale sur la voie d'une sombre et monacale ascèse » [2].

Or, il convient de noter que l'exigence d'agir « par devoir » ne sert pas à isoler un certain type de motivation ou de mobile : en agissant « par devoir », on n'agit pas sur la base d'une motivation qu'on pourrait juxtaposer à la sympathie. L'expression « par

1. GMS, Ak IV, 398.
2. F. Schiller, *Textes esthétiques*, trad. fr. N. Briand, Paris, Vrin, 2002, p. 39.

devoir » sert d'abord à distinguer entre les *actes* qui sont accomplis en vue de faire ce qu'exige le devoir et les actes qui ne le sont pas. À supposer, par exemple, qu'il soit un devoir d'aider quelqu'un qui est en péril, une action accomplie par devoir consistera *tout simplement* à assister la personne en péril *en vue de* l'aider. On aura agi par devoir, dans ce cas de figure, si on fait ceci ou cela seulement *afin* d'aider la personne. Mais on ne saurait pas assimiler un tel acte, accompli afin de satisfaire *ce* que le devoir exige, à celui qui est accompli *parce que* le devoir l'exige. Ce sont là deux types d'acte très différents.

En effet, par la distinction entre ce qui est conforme au devoir et ce qui est fait par devoir, Kant ne cherche pas à faire peser une contrainte *supplémentaire* sur tout accomplissement de la loi. C'est l'idée d'une telle contrainte supplémentaire qui nourrit l'objection de rigorisme : Kant exigerait *non seulement* qu'on accomplisse le devoir *mais aussi* qu'on le fasse sur la base d'une certaine motivation particulière ; il faudrait faire ce que le devoir exige uniquement *parce qu*'il l'exige[1]. On suppose que pour Kant « le devoir » constitue une fin parmi d'autres : il y aurait la possibilité d'aider soit « par sympathie » soit en vue d'accomplir « le » devoir.

Mais c'est en réalité de l'accomplissement même qu'il est question : tout l'enjeu pour Kant est d'identifier en quoi consiste un véritable accomplissement. Le principal problème sur lequel il cherche à attirer notre attention, dans ce contexte, consiste en ceci que, tant qu'on s'en tient aux actes, on ne possède pas de critère satisfaisant pour déterminer si la loi morale a été accomplie. Car un acte qui est parfaitement conforme à la loi peut l'être de façon entièrement contingente ou circonstancielle, et il n'est pas certain alors qu'on ait réellement accompli la loi.

Les célèbres exemples « rigoristes » sont censés mettre en évidence ce point. Un sujet peut avoir l'air d'obéir la loi tout en ayant agi en vue d'une fin qui n'est pas celle exigée par la loi. Grâce

1. *Cf.* B. Herman, « On the Value of Acting from the Motive of Duty », *Philosophical Review* 3, vol. 90, 1981 et B. Herman, « Mutual Aid and Respect for Persons », *Ethics* 4, vol. 94, 1984.

aux circonstances, il aura pu s'acquitter de son devoir (c'est-à-dire, *avoir l'air* de s'en acquitter) tout en poursuivant une finalité qui n'est pas celle que prescrit la loi. Une heureuse coïncidence lui aura permis d'avoir l'air de s'acquitter de son devoir. On peut en effet parler de coïncidence parce que le sujet ne cherchait pas au fond à faire ce que commande le devoir : il cherchait à faire autre chose et a pu s'acquitter du devoir « en cours de route ». La conformité à la loi est donc le produit d'une contingence. L'objectif principal des exemples qu'introduit Kant dans la première partie des *Fondements* est de cerner cette contingence. Pour ce faire, Kant pose des questions contrefactuelles : le sujet a agi conformément à la loi dans certaines circonstances, mais *que ferait-il si les circonstances changeaient et devenaient moins favorables* ?

Ces considérations contrefactuelles ne sont pas, dans un premier moment tout au moins, au service d'un rigorisme qui fait dépendre la valeur morale d'une certaine motivation morale. Il s'agit, au contraire, de s'interroger sur le seul accomplissement d'une loi et de montrer qu'un accord ponctuel ne peut pas suffire parce que tout véritable accomplissement comporte une certaine nécessité. Des changements de circonstances peuvent en effet faire transparaître qu'un certain accomplissement n'en était par réellement un. C'est ce sur quoi insiste Kant lorsqu'il aborde l'analyse des actes faits par devoir :

> [...] nous allons examiner le concept du *devoir*, qui contient celui d'une bonne volonté, avec certaines restrictions, il est vrai, et certaines entraves subjectives, mais qui, bien loin de le dissimuler et de le rendre méconnaissable, le font plutôt ressortir par contraste et le rendent d'autant plus éclatant [1].

Les entraves subjectives, c'est-à-dire les difficultés qu'on rencontre dans l'effort pour accomplir le devoir, loin de dissimuler la bonne volonté, permettraient de la cerner de façon d'autant plus précise.

1. GMS, Ak IV, 397.

Pour comprendre la démarche de Kant, il faut prendre en compte la définition de la bonne volonté présentée au tout début des *Fondements*. Celle-ci est définie comme l'étalon d'un véritable accomplissement de la loi morale : « De tout ce qu'il est possible de concevoir dans le monde, et même en général hors du monde, il n'est rien qui puisse sans restriction être tenu pour bon, si ce n'est seulement une *bonne volonté.* »[1] Si rien, à part la bonne volonté, n'est inconditionnellement bon, c'est parce que celle-ci *est définie* comme le paradigme de l'accomplissement d'une loi qui est la mesure du bien. La bonne volonté est précisément ce dont la valeur morale est immune aux changements de circonstances : elle est bonne « en soi » parce que son accomplissement de la loi dépend uniquement d'elle-même.

D'où l'interrogation sur les changements de circonstances. La prise en compte des « entraves subjectives », c'est-à-dire des difficultés circonstancielles, permet de dégager la nature de la bonne volonté : dans des circonstances défavorables à l'accomplissement de la loi on voit d'autant mieux en quoi consiste un véritable accomplissement.

Il ne s'agit donc pas, dans le passage où Kant introduit la distinction entre « conforme au devoir » et « par devoir », de faire peser des contraintes supplémentaires sur tout accomplissement de la loi morale, des contraintes ayant trait, par exemple, à la motivation. Kant cherche au contraire à préciser la notion même d'un accomplissement. Or il accorde une place centrale à la question de savoir ce qui constitue un tel accomplissement parce qu'il admet l'idée d'un faux accomplissement, d'un accomplissement trompeur. Les diverses situations présentées dans la première section des *Fondements* sont autant d'exemples d'une telle tromperie. Kant examine des situations défavorables à l'accomplissement du devoir non pour cerner une motivation de type moral, mais pour déterminer en quoi le simple accord ponctuel avec la loi moral est parfois insuffisant et souvent trompeur.

1. GMS, Ak IV, 393.

Le premier exemple donné par Kant est celui d'un commerçant averti dont l'honnêteté s'explique par la volonté d'assurer le succès de son commerce. La conduite du commerçant est en accord avec la loi, mais si une autre conduite était plus avantageuse pour son commerce, le commerçant l'adopterait. En ce sens, la conformité de ses actes à loi est fortuite ; elle dépend de circonstances tout à fait contingentes. D'où la conclusion que tire Kant : les actes ne permettent pas, par eux-mêmes, de distinguer entre un accord fortuit et un véritable accomplissement. Ce n'est pas au niveau de la conduite que peut se situer un véritable accomplissement.

S'il commence son analyse par l'exemple du commerçant, Kant fait remarquer que ce type d'exemple n'est pas le meilleur pour élucider la distinction entre ce qui est conforme au devoir et ce qui est fait par devoir. Il est évident que le commerçant n'a pas une inclination immédiate à faire ce que le devoir exige. Il est manifeste que l'honnêteté n'a pas pour lui une valeur intrinsèque. Dans de tels cas de figure, il est donc facile de déterminer si l'acte a été accompli par devoir. Il l'est en tout cas bien plus que lorsque nous possédons une inclination *immédiate* à accomplir le devoir. En effet, dans l'analyse des actions accomplies par devoir,

> [il laissera] de côté les actions conformes au devoir pour lesquelles les hommes n'ont *aucune inclination* immédiate, mais qu'ils n'en accomplissent pas moins, parce qu'une autre inclination les y pousse. Car, dans ce cas, il est facile de distinguer si l'action conforme au devoir a eu lieu *par devoir* ou par vue intéressée. Il est bien plus malaisé de marquer cette distinction dès que l'action est conforme au devoir, et que par surcroît encore le sujet a pour elle une inclination *immédiate* [1].

Il ne s'agit donc pas au premier chef de débusquer des mobiles cachés mais simplement d'établir si l'individu en question cherchait à faire ce que le devoir exige, ou si une autre considération lui permettait, par une heureuse coïncidence, d'adopter une conduite qui est conforme à la loi.

1. *Ibid.* Traduction modifiée.

Si cet effort pour cerner ce qui constitue un véritable accomplissement de la loi, un agir « par devoir », finit par opposer l'acte fait par devoir à celui fait par inclination, c'est parce que, pour Kant, l'inclination est, par définition, fondamentalement contingente. Au tout début de cette première partie des *Fondements*, Kant le met déjà en relief. Il y évoque plusieurs vertus, les désigne comme « dons de la nature » (*Naturgaben*), et procède ensuite à les juxtaposer aux « dons de la fortune » (*Glücksgaben*) tels que « la richesse, la considération et même la santé » [1]. Dans les exemples qu'il donne par la suite, la plupart de ses hypothèses contrefactuelles concerne ces mêmes vertus : un changement de caractère – ou, plutôt, de ce que Kant nomme « le tempérament » (nous y reviendrons) – est assimilé en tout point à un changement de fortune. En effet, dans le premier exemple détaillé qu'il examine, celui d'un homme tenté par le suicide, Kant commence par s'imaginer le sort qui peut amener quelqu'un à un tel désespoir – afin de l'assimiler ensuite à une différence de caractère ou d'inclination [2].

L'inclination à faire quelque chose est toujours, pour Kant, le résultat d'une contingence et, par conséquent, sur un pied d'égalité avec d'autres conditions circonstancielles. C'est évidemment une perspective éminemment moderne et Kant en est conscient : il fait remarquer d'emblée que contrairement aux Anciens il ne peut pas concéder une valeur inconditionnelle aux traits de caractère. Ceux-ci ne peuvent pas être les porteurs de la valeur morale [3]. Sur ce point, la position de Kant est aux antipodes d'une perspective aristotélicienne. On reviendra sur ce point décisif dans les chapitres X et XI.

Or ce qui nous intéresse pour le moment, c'est la démarche de Kant. L'interrogation sur la question de l'accomplissement est aussitôt reformulée à l'aide de la notion d'inclination, mais l'enjeu demeure le même, à savoir de comprendre en quoi consiste une conduite qui mérite d'être appelée un accomplissement.

1. GMS, Ak IV, 393.
2. GMS, Ak IV, 398.
3. GMS, Ak IV, 394.

L'origine de l'interrogation est le diagnostic suivant : au niveau des actes, il n'existerait pas la nécessité que requiert le véritable accomplissement ; on n'y trouverait pas les moyens pour distinguer l'obéissance d'un accord fortuit. Au niveau des actes, on pourrait déterminer uniquement si un sujet a satisfait la *lettre*, mais non s'il a satisfait *l'esprit* de la loi [1].

En effet, le problème que Kant soulève au début des *Fondements*, et auquel la notion de maxime est censée apporter une réponse, est celui qu'une certaine tradition moderne a posé en recourant à l'idée paulinienne d'une loi *spirituelle*.

> C'est pourquoi [saint Paul] affirme chap. 7,14 [épître aux Romains] que la Loi est spirituelle. Qu'est-ce que cela signifie ? Si la Loi était charnelle, les œuvres lui suffiraient. Mais du moment qu'elle est spirituelle, personne n'y satisfait, à moins que tout ce que tu fais ne vienne du fond du cœur [2].

Si la loi est spirituelle, comme le soutient ici Luther, c'est parce qu'on ne peut jamais l'accomplir par des simples œuvres. Par la conduite on peut satisfaire ce que Luther, comme Kant, appelle la lettre de la loi. Mais la loi porte non sur les œuvres ou sur les actes, mais sur le « fond du cœur » [*Herzens Grund*], et c'est à ce niveau seulement qu'on peut établir si vraiment un individu s'en est tenu à la loi.

En effet, il se peut que

> extérieurement tu vis parfaitement dans les œuvres de la Loi et te fais juge de ceux qui ne vivent pas ainsi, tu t'y entends à faire la leçon à tout le monde, tu vois la paille dans l'œil des autres mais ne remarques pas la poutre dans le tien. Cependant, si extérieurement, par peur de châtiment ou par amour de l'estime, tu observes la Loi par des œuvres, tu ne le fais pas par libre attirance et amour pour la Loi, mais avec répugnance et par contrainte, et tu préférerais agir

1. *Cf.* par exemple KpV, Ak V, 72 ; RGV, Ak VI, 30.
2. M. Luther, *La liberté du chrétien. Préfaces à la Bible*, trad. fr. Ph. Büttgen, Paris, Seuil, 1996, p. 87.

> autrement si la Loi n'existait pas. De là on conclut que tu es du fond du cœur hostile à la Loi [1].

Satisfaire l'esprit de la loi n'est pas faire ce que la loi commande seulement *parce qu'*elle le commande. En opposant la lettre à l'esprit de la loi, Luther cherche précisément à *exclure* une telle conduite. Une telle obéissance de la loi dépend du fait que la loi ordonne un certain acte et non une autre, et – on verra à quel point cela est important pour Kant – ce fait ne peut être doté d'aucune nécessité. Si on obéit à la loi seulement parce que c'est la loi, on se rapporte à celle-ci comme à quelque chose d'extérieur qui, de ce fait même, est entièrement contingent. On fait ce qu'elle commande – *mais si elle était différente on agirait autrement.*

D'où l'ambiguïté d'une expression comme « agir en vue d'accomplir la loi ». On peut entendre par là : faire ce que prescrit la loi seulement parce qu'elle le prescrit. On est prêt à obéir à la loi indépendamment de *ce* qu'elle prescrit. C'est précisément une telle obéissance aveugle qui est inadmissible pour la perspective que Luther présente dans les passages cités. Une personne dont la piété consiste à obéir aveuglement la loi accomplit celle-ci uniquement afin d'être « en règle », afin d'avoir agi conformément à la loi. Autrement dit, elle l'accomplit pour des raisons qui sont entièrement extérieures à la loi. Ce qui compte, pour une telle personne, c'est qu'elle puisse s'acquitter de son devoir. *Ce* qu'exige le devoir n'a pas d'importance intrinsèque pour elle : les exigences du devoir comptent seulement en tant que moyens permettant de satisfaire l'objectif principal, celui de s'acquitter du devoir. Se pose alors la question de savoir pourquoi la personne a cet objectif. A-t-elle peur d'enfreindre la loi ? Veut-elle être considérée comme quelqu'un qui agit conformément à la loi ?

Il ne s'agit donc surtout pas, pour Luther, d'exiger qu'on fasse ce que prescrit la loi seulement parce que celle-ci le commande. Dans les passages suscités, Luther s'interroge au contraire sur

1. *Ibid.* Traduction modifiée.

l'accomplissement même de la loi. L'analyse de l'accomplissement soulève une difficulté majeure, à ses yeux, parce qu'il existe des faux accomplissements, lesquels ne sont des accomplissements qu'en apparence. Il existe, pour tout dire, des accomplissements qui s'en tiennent seulement à la lettre et non à l'esprit de la loi.

Voilà aussi l'enjeu principal des analyses développées au début des *Fondements*. Chez Kant, le problème prend la forme suivante : en quoi consiste un véritable accomplissement du devoir étant donné qu'une conformité au niveau des actions est toujours conditionnelle ? Un acte bienveillant accompli par sympathie est conforme à la loi seulement grâce à une certaine condition préalable : l'existence d'une harmonie entre les exigences de la sympathie et les demandes de la loi. Il n'y aurait pas de conformité sans cette harmonie fortuite. Tout le problème est de comprendre en quoi consiste une conformité qui ne s'appuie pas sur une telle contingence.

C'est à cette question que la notion de volonté, et celle de maxime, sont censées apporter une réponse. En effet, Kant l'annonce déjà dans la célèbre première phrase des *Fondements*. « De tout ce qu'il est possible de concevoir dans le monde, et même hors du monde, il n'est rien qui puisse sans restriction être tenu pour bon, si ce n'est seulement une *bonne volonté*. »[1] Si la volonté peut être bonne « sans restriction », c'est parce qu'elle peut satisfaire la loi morale sans dépendre de conditions préalables. Voilà en effet le thème principal de l'ouverture de cette première partie, au long de laquelle Kant insiste sur le caractère inconditionnel de la bonne volonté :

> Alors même que, par une particulière défaveur du sort ou par l'avare dotation d'une nature marâtre, cette volonté serait complètement dépourvue du pouvoir de faire aboutir ses desseins ; alors même que dans son plus grand effort elle ne réussirait à rien ; alors même qu'il ne resterait que la bonne volonté toute seule (évidemment non comme un simple vœu, mais comme l'appel à tous les moyens dont nous pouvons disposer), elle n'en brillerait pas moins, ainsi qu'un

1. GMS, Ak IV, 393. Traduction modifiée.

> joyau, de son éclat à elle, comme quelque chose qui a en soi sa valeur tout entière[1].

On trouve ici un des célèbres éloges de la bonne volonté, lesquels jalonnent la réflexion du début des *Fondements*. Toutes les tentatives de la bonne volonté pourraient échouer, sa valeur n'en serait pas affectée.

Ces éloges s'inscrivent dans la réflexion sur les exigences d'un accomplissement de la loi. Si la bonne volonté a toute sa valeur « en soi », c'est parce que son accomplissement de la loi ne dépend d'aucune condition extérieure : sa capacité à accomplir la loi – à être bonne – ne dépend ni du sort ni de la nature. À la limite, les contingences défavorables permettent, par contraste, de mettre en relief cette capacité.

Tandis que tout accord au niveau des actes dépend de contingences, ce que le sujet *veut* n'en dépend pas. Kant est évidemment sensible aux dangers que comporte un tel recours à ce qu'on appellera pour l'instant l'intention du sujet. La remarque qu'il fait entre parenthèses est à cet égard significative. Après avoir mis en relief le caractère inconditionnel de la volonté (même si tous ses efforts échouaient, la bonne volonté « n'en brillerait pas moins »), Kant ajoute que cette bonne volonté ne peut « évidemment » pas être assimilé à « un simple vœu » mais doit être comprise comme « l'appel à tous les moyens dont nous pouvons disposer ». L'indépendance de l'intention du sujet vis-à-vis des actes effectifs ne doit pas servir d'échappatoire : elle ne doit pas permettre au sujet de contourner les difficultés qu'implique l'accomplissement de la loi. On ne saurait confondre un véritable engagement avec un simple vœu.

La notion de vouloir doit apporter une réponse à la question de savoir si, indépendamment des contingences qui peuvent intervenir au niveau des actes effectifs, le sujet a réellement accompli la loi. Si on doit distinguer la volonté des actes effectifs – c'est ce sur quoi insiste Kant dans les premières pages des *Fondements* –, on doit

1. GMS, Ak IV, 394.

aussi la distinguer d'un simple vœu ou d'un vague espoir. La notion de volonté est censée saisir ce qu'on pourrait appeler la disposition effective d'un sujet : une disposition qui ne peut pas toujours se matérialiser mais qui est effective dans le sens où elle détermine ce en vue de quoi la personne agit.

CHAPITRE II

LA VOLONTÉ

La notion de maxime est censée saisir ce sur quoi porte une loi pratique : elle sert à délimiter le registre de ce qui peut être en accord, ou en désaccord, avec une telle loi. Nous allons à présent commencer à situer ce registre par rapport à d'autres catégories pratiques afin d'en délimiter la réalité propre.

Il est utile, pour ce faire, d'examiner de près les exemples que Kant présente lorsqu'il introduit la notion de maxime. Dans les *Fondements*, Kant se concentre sur la bienveillance : il s'intéresse notamment à la différence entre une personne qui aide autrui par sympathie et une personne qui le fait par devoir. On peut d'abord avoir l'impression que la même maxime est à l'œuvre dans ces deux cas de figure puisque dans tous les deux le sujet cherche à aider quelqu'un. C'est la motivation, semble-t-il, qui fait la différence : tandis que l'un agit par sympathie, l'autre agit par respect pour la loi. (La structure grammaticale de ces formules nous invite en effet à mettre « par sympathie » sur le même plan que « par devoir ».) Or force est de constater que Kant recourt à cet exemple précisément pour identifier la dimension d'une conduite que la notion de maxime est censée saisir. La différence entre « par sympathie » et « par devoir » ne peut donc pas être extérieure à la maxime.

Kant emploie le terme « intention » (*Absicht*) pour désigner l'objectif immédiat (*Zweck*) d'un acte. Dans les deux situations en question, l'objectif est le même : les deux sujets cherchent à aider quelqu'un. Ce qui les distingue, c'est le rapport que les sujets entretiennent avec leur propre intention.

> Mais je prétends que [...] si conforme au devoir, si aimable qu'elle soit, [une action accomplie par sympathie] n'a pas de valeur morale véritable ; car la sympathie va de pair avec d'autres inclinations, avec l'ambition par exemple qui, lorsqu'elle tombe heureusement

> sur ce qui est réellement en accord avec l'intérêt public et le devoir, sur ce qui par conséquent est honorable, mérite louange et encouragement, mais non de l'estime [*Hochschätzung*] puisqu'il manque à la maxime la valeur morale [...] [1].

En agissant par sympathie, le sujet satisfait (ou plutôt : paraît satisfaire) les exigences du devoir. Mais comme la finalité de son action repose sur un certain tempérament et tout tempérament se situe dans le même registre que le sort, cet accomplissement (apparent) de la loi a quelque chose de contingent. La fin immédiate du sujet qui agit par sympathie, insiste Kant, tombe *heureusement* sur ce qui est en accord avec le devoir.

Le problème n'est pas que le sujet tire du plaisir à aider les autres. Si c'était là le problème, rien ne nous empêcherait d'expliquer l'accomplissement en termes de finalité. Il faudrait alors que le sujet adopte comme fin ultime non la satisfaction de tel ou tel plaisir, si « altruiste » fût-il, mais le secours d'autrui. Or l'exemple en question est censé montrer que l'accomplissement de la loi morale – et, par conséquent, la valeur morale – ne peut *jamais* s'expliquer par l'adoption d'une fin [2]. Le problème pour Kant consiste en effet en ceci qu'une fin peut toujours être adoptée pour des raisons qui sont externes à la loi. Tout comme l'acte, la fin ne se situe pas dans un registre doté de la nécessité requise pour garantir un accomplissement digne de ce nom.

À la fin et à l'intention Kant oppose la maxime et le vouloir. La notion de maxime est introduite précisément pour saisir un rapport à la loi qui est à l'abri des contingences ayant une prise sur les fins et sur les intentions.

La nécessité dont est doté le vouloir n'est pas celle qui peut faire l'objet d'une prévision. Que le sujet veuille aider quelqu'un ne signifie certainement pas qu'il réussira à le faire ; des circonstances diverses peuvent l'en empêcher. Or, quand bien même il n'y réussirait

1. GMS, Ak IV, 398. Traduction modifiée.

2. « Voici la seconde proposition : une action accomplie par devoir tire sa valeur morale *non pas du but* qui doit être atteint par elle, mais de la maxime d'après laquelle elle est décidée [...]. », GMS, Ak IV, 399.

pas, sa conduite pourrait faire l'objet d'une certaine évaluation : on pourra dire qu'il a *échoué* à faire quelque chose. C'est là la marque du vouloir : celui-ci ouvre un espace où il existe la possibilité d'une réussite et d'un échec. D'où l'importance, comme nous le verrons en détail, de distinguer le vouloir du simple vœu. Contrairement au vouloir, le vœu n'engage pas : il ne comporte pas de contrainte permettant de parler de réussite ou d'échec.

On peut, bien évidemment, se désengager, récuser un engagement auquel on avait souscrit. Mais *si* une personne s'est effectivement engagée, elle est susceptible ou de réussir ou d'échouer. La description de sa conduite doit avoir une certaine forme : si la personne accomplit certains actes, on dira qu'elle a honoré son engagement; si elle en accomplit d'autres, on dira qu'elle l'a enfreint. C'est une alternative qui n'est pas pertinente pour celui qui est bienveillant par sympathie. Comme il retrouve la bienveillance « en cours de route », grâce à une disposition à aider autrui, il ne s'engage pas – et il n'existe donc pas la possibilité d'une infraction.

L'accord qui peut exister entre acte et engagement ressemble à certains égards à celui qui peut exister entre un acte et une prévision. C'est par le biais de l'infraction qu'on peut mieux saisir la spécificité de l'engagement. La marque de l'engagement est que, lorsque la conduite s'en écarte, l'erreur n'est pas du côté du principe (comme ce serait le cas s'il s'agissait d'une prévision), mais du côté de l'acte : celui-ci sera tenu pour une infraction. Si vraiment l'individu s'est engagé à faire quelque chose, il est, *ex hypothesi*, obligé de le faire. Il est, pour reprendre le terme kantien, *genötigt* – contraint – par son propre engagement.

On commence à entrevoir l'importance du passage qui nous a servi comme point de départ pour ce chapitre. Contrairement à ce qu'on pourrait croire, la maxime et l'impératif ne constituent pas deux types de principes distincts possédant chacun ses propres caractéristiques. Ils renvoient plutôt à deux dimensions différentes des principes pratiques.

En s'engageant à faire quelque chose (en adoptant une maxime), le sujet s'impose une certaine obligation. Il existe dès lors certains actes qu'il doit accomplir (mais qu'il n'accomplira pas nécessairement). Même au début des *Fondements*, où l'accent est sur « l'autonomie » de la bonne volonté, une telle contrainte est évoquée. Ce qui distingue la bonne volonté du simple vœu, c'est qu'elle implique un « appel à tous les moyens dont nous pouvons disposer »[1]. En effet, vouloir une fin, c'est s'engager à faire le nécessaire pour l'atteindre. On peut décider de ne pas recourir à ces moyens, par exemple s'ils sont incompatibles avec d'autres engagements qu'on a ; mais si on *veut* la fin en question – si on s'est engagé – il existe une obligation d'y recourir.

D'où la définition que Kant donne de l'impératif hypothétique quelques pages plus tard. Il le définit en termes de vouloir :

> Cette proposition est, en ce qui concerne le vouloir, analytique ; car l'acte de vouloir un objet, comme mon effet, présuppose ma causalité, comme causalité d'une cause agissante, c'est-à-dire l'usage des moyens, et l'impératif dérive le concept d'actions nécessaires à cette fin du seul concept de la volonté de cette fin [...][2].

Si l'impératif hypothétique est analytique, c'est parce qu'il rend explicite les contraintes auxquelles on se soumet par le simple acte de vouloir (il « dérive le concept d'actions nécessaires à cette fin du seul concept de la volonté de cette fin »). S'engager à atteindre une fin, vouloir l'atteindre au sens où Kant entend « vouloir », *c'est* s'engager à faire le nécessaire pour l'atteindre. La contrainte de l'impératif hypothétique donne corps à la notion de vouloir.

Or le lexique que Kant emploie à de tels endroits peut obscurcir la particularité de son approche de la question. Dans la simple volonté d'un objet, affirme-t-il par exemple, serait déjà présupposé « ma causalité comme cause agissante » (*meine Kausalität als handelnde Ursache*). À s'en tenir à de telles formules, on pourrait conclure que la volonté est une capacité dotée d'un pouvoir causal

1. GMS, Ak IV, 393.
2. GMS, Ak IV, 417.

permettant de « initier » une action. Mais une telle lecture ne tient pas compte de la dimension prescriptive des impératifs, lesquels donnent expression à un devoir, à un *Sollen*[1]. En effet, la volonté ne saurait être la source d'un tel devoir si elle était une capacité de maîtrise. Comme le souligne Kant dans cette même partie des *Fondements* et comme nous le verrons encore en détail, le vouloir est non seulement la source de l'impératif hypothétique mais aussi de l'obligation *en général* : le devoir inconditionnel exprimé par la loi morale, pour lequel Kant réserve le terme d'obligation (*Verbindlichkeit*), est censé « émaner » de la volonté elle-même[2]. Si on analyse de près les définitions que Kant fournit de la volonté, on constate en effet que, loin de constituer une capacité de maîtrise, elle est une capacité à s'engager et à se concevoir comme étant soumis à des règles.

Prenons d'abord la définition fournie au début de la deuxième *Critique*. La volonté est définie comme « une capacité, soit de produire des objets correspondant aux représentations, soit, tout au moins, de se déterminer soi-même à effectuer cela (que la capacité physique soit, en l'occurrence, suffisante ou non), c'est-à-dire de déterminer sa causalité. »[3] Le lexique est à nouveau celui de la causalité et de la maîtrise (« produire des objets », « se déterminer à effectuer cela »). Or il convient de noter que « se déterminer soi-même à produire des objets correspondant aux représentations » est assimilé à « déterminer sa causalité ». On retrouve donc la tournure qui apparaît dans le passage cité ci-dessus, où il est évident qu'elle fait référence non pas au pouvoir d'une cause efficiente, mais à la capacité de *se tenir pour* une telle cause, c'est-à-dire, de considérer sa conduite *comme* étant soumise à l'exigence d'être la cause d'une action.

La définition la plus célèbre de la volonté est sans doute celle fournie dans la deuxième partie des *Fondements*. À cet endroit, Kant définit la volonté comme « une capacité de se déterminer

1. KpV, Ak V, 20.
2. GMS, Ak IV, 433.
3. KpV, Ak V, 15. Traduction modifiée.

soi-même à agir *conformément à la représentation de certaines lois* »[1]. Ici aussi ce serait une erreur de situer la volonté dans le registre de la maîtrise, même si le lexique de l'auto-détermination nous invite à le faire. Car la détermination dont il est question ne concerne pas directement nos actes. Ce qui intéresse Kant, c'est plutôt notre capacité à subordonner notre action à des règles et, de cette manière, à la rendre redevable à des normes. D'où le recours à la notion de représentation : la volonté est une capacité de nous concevoir comme agissant à l'aune de certaines règles que nous nous représentons.

Une telle subordination implique, bien sûr, un certain rapport à soi. C'est pourquoi les formules réflexives occupent une place centrale dans ces analyses. Ce n'est pas que nous maîtrisons notre conduite afin qu'elle soit conforme à la conception d'une loi : nous nous concevons comme étant soumis à une telle conception. L'importance de ces formules réflexives devient palpable si on tient compte de la fonction du concept de volonté : il sert à délimiter la réalité de l'engagement. Fait partie de l'engagement un certain parti pris du sujet : celui-ci doit se concevoir *comme* étant engagé[2].

Nous le verrons encore, Kant cherche à montrer que cette conception n'est pas extérieure à l'agir du sujet, qu'elle n'est pas une simple image qui peut s'avérer fausse (nous nous concevions comme étant la cause de notre agir mais, en réalité, nous ne le sommes pas parce que d'autres facteurs le déterminent). A ses yeux, elle est au contraire une partie intégrale de la réalité de notre agir. Dans la troisième section du livre nous reviendrons sur cette thèse et sur la question de savoir si elle est compatible avec la possibilité qu'un sujet méconnaisse ses propres engagements.

1. GMS, Ak IV, 427. Traduction modifiée.

2. Quelques pages plus tard, Kant définit la fin (*Zweck*) comme « ce qui sert à la volonté comme fondement objectif [*objektiver Grund*] pour se déterminer à elle-même » (GMS, Ak IV, 427, traduction modifiée). La fin n'est pas un but que nous essayons d'atteindre de telle ou telle façon (dans ce cas, on la définirait plutôt comme ce en vue de quoi on détermine son agir) ; elle est ce sur la base de quoi la volonté *se détermine à elle-même* parce que cette fin est ce en vue de quoi on s'est engagé.

CHAPITRE III

LA RAISON INSTRUMENTALE

Il n'est pas certain que le désaccord entre Kant et l'empirisme, autour de la question de savoir quel rôle la raison peut jouer dans l'action, se situe là où on le croit d'habitude ou, du moins, là où le croit l'empirisme. Car pour celui-ci le différend a trait au problème de savoir si, en plus de son rôle instrumental, la raison peut aussi jouer un rôle non-instrumental dans l'action ; si elle peut non seulement déterminer les moyens mais aussi les fins de notre action. C'est le point sur lequel insistent encore les empiristes aujourd'hui lorsqu'ils opèrent une distinction entre des raisons dites internes, instrumentales, et des raisons dites externes qui, elles, ne découlent pas d'un désir[1]. Or, comme nous le montrerons dans ce chapitre, pour Kant, l'enjeu principal se situe en réalité ailleurs et porte sur une question préalable, celle de savoir qu'est-ce qui constitue une contrainte proprement pratique, qu'elle soit ou non instrumentale.

Aux yeux des empiristes, leur position serait réfutée si on parvenait à montrer qu'il existe de raisons « externes » dont l'emprise sur nous ne dépend pas de nos désirs. Toute la question serait de savoir si, oui ou non, la raison possède une efficacité propre, indépendamment de celle qu'elle peut acquérir lorsqu'elle se met au service des passions. Or toute tentative de démontrer l'existence de raisons dites externes se heurterait à la difficulté suivante : à quel titre ces raisons externes seraient-elles *nos* raisons si elles ne sont pas rattachées à quelque chose qui puisse figurer comme un mobile dans notre action ? Dépourvues d'un lien à ce qui nous fait effectivement agir, ces raisons supposées ne pourraient

1. *Cf.* B. Williams, « Internal and External Reasons », in *Moral Luck*, Cambridge, Cambridge University Press, 1982, p. 101-113.

jamais expliquer notre conduite effective et ne seraient donc pas dignes de leur nom [1].

Il n'est toutefois pas certain que, dans la perspective kantienne, la raison soit l'esclave des passions dans le cas de figure que les empiristes tiennent pour paradigmatique d'un tel rapport entre raison et passion. Même les raisonnements instrumentaux n'impliquent pas, aux yeux de Kant, la subordination de la raison aux passions que supposent les empiristes lorsqu'ils maintiennent que le défi principal auquel fait face la position kantienne (et l'« externalisme » en général) est de démontrer que la raison peut être efficace quand elle est dépourvue d'un élan passionnel. Il convient au contraire de s'interroger si, tout en insistant sur cette subordination de la raison aux passions, l'empirisme peut admettre l'existence d'un raisonnement instrumental qui soit digne de ce nom : un raisonnement qui, tout en ayant un point de départ donné d'avance, permet à la raison de déployer sa capacité propre, celle consistant à émettre des prescriptions – en l'occurrence des prescriptions portant sur les moyens qui doivent être choisis afin d'atteindre telle ou telle fin [2].

Il est très instructif de considérer de près les deux types de raisonnement qui ont une portée pratique aux yeux de Hume : le raisonnement déductif et le raisonnement probabiliste. Car il n'est pas certain que le philosophe britannique puisse leur attribuer un rôle véritablement instrumental, ou du moins qu'il puisse y parvenir sans leur enlever par là même ce qui en fait des raisonnements.

Prenons d'abord son analyse du rôle pratique que peut jouer la raison :

> Il est clair que, lorsque nous prévoyons de souffrir d'un objet quelconque ou d'en tirer plaisir, il s'ensuit une émotion d'aversion ou de propension et une inclination soit à éviter ce qui nous procurera ce malaise, soit à étreindre ce qui nous contentera. Il n'est

1. *Cf.* B. Williams, « Internal and External Reasons », *op. cit.*, p. 107-110.

2. Les pages suivantes sont endettées, à plus d'un égard, envers l'analyse de C. Korsgaard, « The Normativity of Instrumental Reason », in *The Constitution of Agency : Essays on Practical Reason and Moral Psychology*, Oxford, Oxford University Press, 2008.

> pas moins clair que cette émotion ne s'en tient pas là ; et que, nous portant à jeter nos vues de tous côtés, elle embrasse tout ce qui se trouve en connexion avec l'objet d'origine selon la relation de cause à effet. Le raisonnement intervient donc ici pour découvrir cette relation ; et en fonction de la variation de notre raisonnement, nos actions varient subséquemment. Mais il est évident, dans ce cas, que l'impulsion ne provient pas de la raison qui ne fait que la diriger [1].

La raison pourrait intervenir dans l'action lorsqu'il s'agit de contrôler les rapports causaux qui sont pertinents pour atteindre ce que nous désirons. Attirés par un certain objet, nous pourrions recourir à la raison pour découvrir « tout ce qui se trouve en connexion avec l'objet d'origine selon la relation de cause à effet ».

Or la simple découverte d'un rapport causal ne fait pas encore un raisonnement instrumental. Dans le passage cité, Hume semble en être conscient : il fait seulement valoir l'existence d'une certaine *corrélation* entre les découvertes que nous faisons à l'aide de la raison et notre façon de procurer un objet désiré. En général, nous tiendrions compte des découvertes de la raison : « en fonction de la variation de notre raisonnement, nos actions varient subséquemment ». Il est en effet significatif qu'il ne recoure pas à des conditionnels et que son explication soit formulée entièrement à l'indicatif. Une obligation conditionnelle est encore une obligation : qu'on soit obligé de faire quelque chose seulement *si* on veut atteindre une fin n'empêche pas que, le cas échéant, on soit sous l'emprise d'une obligation. Mais le simple constat qu'il existe une certaine corrélation entre l'usage de la raison et notre conduite ne fournit pas les matériaux nécessaires pour établir une obligation quelconque.

À la fin du passage, Hume affirme que la raison « dirige » notre agir. La métaphore est ambiguë. Si vraiment la raison se bornait à identifier des rapports causaux, comme le prétend Hume (« la raison n'est rien d'autre que la découverte de cette connexion » [2]), on devrait se contenter du constat que (en général, toujours, parfois,

1. D. Hume, *Traité de la nature humaine, Livre II, Dissertation sur les passions*, trad. fr. J.-P. Cléro, Paris, Flammarion, 1991, p. 270.

2. *Ibid.*

etc.) notre conduite est conforme aux exigences de la raison instrumentale. Dans le meilleur des cas, nous serions dotés d'une capacité de recourir effectivement aux moyens nécessaires pour atteindre les fins que nous désirons.

On ne peut pas s'en tenir là si on veut accorder à la raison un rôle véritablement pratique, ne fût-il qu'instrumental. Une simple corrélation entre certaines découvertes et notre conduite ne peut suffire : il faut que ces découvertes *pèsent* sur notre conduite. Quoique conditionnel, le raisonnement instrumental comporte une force prescriptive : il prescrit ce qu'on *doit* faire afin d'atteindre une fin.

Il n'est pas certain que Hume puisse admettre l'idée d'une telle prescription. On s'en aperçoit lorsqu'il décrit les deux façons dont une passion peut, à ses yeux, être contraire à la raison :

> D'abord, quand une passion telle que l'espoir ou la crainte, le chagrin ou la joie, le désespoir ou la sérénité, se fonde sur la supposition de l'existence d'objets qui en réalité n'existent pas. En second lieu, quand, pour satisfaire une passion, nous choisissons des moyens inappropriés à la fin visée et jugeons faussement des causes et des effets [1].

Dans un cas comme dans l'autre, l'erreur n'est pas au niveau des passions mais au niveau du jugement ou du raisonnement. C'est d'ailleurs la thèse que Hume avance dans ce contexte – thèse sur laquelle on reviendra dans un instant : « rien ne peut être contraire à la vérité ou à la raison sauf ce qui s'y réfère ; et comme seuls les jugements de notre entendement ont cette référence, il s'ensuit que les passions peuvent être contraires à la raison dans la seule mesure où elles s'*accompagnent* de quelque jugement ou de quelque opinion » [2].

En effet, ces deux erreurs sont toutes les deux *théoriques* : on se trompe soit sur l'existence d'un objet soit sur le rapport qu'entretiennent plusieurs objets les uns avec les autres. Ce que

1. D. Hume, *Traité de la nature humaine, Livre II*, *op. cit.*, p. 272.
2. *Ibid.*, p. 271-272.

Hume n'envisage pas dans ce contexte, c'est qu'on veuille une fin, qu'on détermine correctement les moyens pour l'atteindre, mais *qu'on ne veuille toutefois pas recourir aux moyens en question.* En effet, pour Hume, les passions sont en général de l'ordre de ce qu'on éprouve (*patior*) et non pas de ce qu'on détermine soi-même. On peut, certes, « rediriger » l'élan des passions : c'est là tout l'enjeu du passage. Mais cela ne modifie pas la passion « elle-même »; il s'agit uniquement de « étendre » son élan jusqu'aux moyens permettant de la satisfaire. Ce que Hume n'admet pas, c'est que la responsabilité pour l'erreur soit du côté non de la raison mais de la passion : on identifie correctement les moyens permettant d'atteindre une fin mais, tout en désirant celle-ci, on ne désire pas les moyens et, par conséquent (c'en est du moins une conséquence dans la perspective de Hume), on ne finit pas par faire le nécessaire pour atteindre la fin désirée.

Voilà pourtant la possibilité qui doit être admise si on veut donner un sens à l'idée d'un raisonnement instrumental. La marque de la règle, comme nous l'avons déjà fait remarquer, est la transgression ou l'échec; la possibilité de ne pas s'en tenir à ce qu'elle prescrit. (Si on admet une telle possibilité, on doit abandonner la métaphore d'une raison qui « dirige » les passions : on ne peut plus s'appuyer sur l'automatisme permettant d'assimiler le désir à un fleuve; la simple découverte, par la raison, d'un lien causal entre la fin désirée et un certain objet, ne peut plus garantir que le désir « s'étendra » à la recherche de l'objet en question.) Kant le met en relief au début de l'analyse susmentionnée de l'impératif hypothétique. Après avoir posé la question « comment tous ces impératifs sont-ils possibles ? », Kant fait la remarque suivante :

> Cette question tend à savoir comment on peut se représenter, non pas l'accomplissement de l'action que l'impératif ordonne, mais simplement la contrainte [*Nötigung*] de la volonté, que l'impératif énonce dans la tâche à remplir[1].

1. GMS, Ak IV, 417.

En effet, la notion d'impératif hypothétique est censée apporter une réponse à une question qui est étrangère à la perspective de Hume. Pour Kant, le problème est celui d'expliquer une contrainte (*Nötigung*) de la volonté ; en l'occurrence, une contrainte instrumentale qui nous oblige à faire telle ou telle chose si nous voulons atteindre une certaine fin. Comme le souligne Kant lui-même, cette question est fondamentalement différente de celle de savoir comment s'explique notre action effective.

Les différences entre les deux auteurs deviennent particulièrement palpables dans l'analyse que fournit Hume d'un type d'engagement qui, pour Kant, est le paradigme de la contrainte pratique. Il s'agit de la promesse, laquelle fait l'objet d'une analyse chez Hume dans le cadre de sa réflexion portant sur ce qu'il appelle les vertus artificielles. Le philosophe écossais y défend la position selon laquelle les promesses « sont de pures constructions artificielles pour l'utilité et l'avantage de la société » [1]. Voici un exemple censé éclairer cette position :

> Si nous considérons correctement le problème, la force n'est pas différente par essence de tout autre motif d'espoir ou de crainte qui peut nous conduire à engager notre parole et à nous soumettre à une obligation. Un homme, dangereusement blessé, qui promet une somme conséquente à un chirurgien pour qu'il le soigne, serait certainement tenu d'accomplir sa promesse, bien que, comparé à la situation de quelqu'un qui promet de l'argent à un voleur, ce cas ne serait pas assez différent pour produire une différence équivalente dans nos sentiments de moralité, si ces derniers n'étaient pas entièrement fondés sur l'utilité et l'intérêt publics [2].

Les deux situations que choisit Hume se ressemblent sur un point fondamental : dans l'une comme dans l'autre, le sujet fait face à une difficulté de laquelle il peut se tirer en donnant sa parole. Aussi la promesse coïncide-t-elle avec l'intérêt personnel : en s'engageant à faire quelque chose, le sujet obtient un service dont il a besoin.

1. D. Hume, *Traité de la nature humaine, Livre III, La morale*, trad. fr. Ph. Saltel, Paris, Flammarion, 1991, p. 131.

2. *Ibid.*, p. 131-132.

C'est sur ce rapport que porte évidemment la thèse de Hume. Celui-ci veut rendre plausible une analyse réductionniste qui assimile la promesse à l'intérêt personnel. Il s'agit pour lui de montrer que, contrairement à ce qu'on admet d'habitude, la promesse ne possède pas de contrainte catégoriellement différente de celle qui caractérise les intérêts et les passions.

Hume soutient en effet que la différence qu'on admet d'habitude s'explique par une distinction située *à même* les intérêts personnels : si on a l'impression qu'il existe une différence entre les deux situations évoquées dans l'exemple, que l'une comporte une véritable promesse alors que l'autre non, c'est parce que certains intérêts ont une utilité sociale et, grâce à certaines conventions, éveillent en nous des sentiments de sympathie. Mais dans un cas comme dans l'autre, nous aurions en dernière instance affaire seulement à des intérêts. S'il existe une supposée obligation ou une supposée contrainte au-delà des intérêts, c'est seulement par convention, parce que la société confère un statut particulier aux intérêts qui sont utiles au bien commun. Ces intérêts ne comportent aucune contrainte indépendamment de celle qui leur est conférée de l'extérieur par la communauté. D'où le caractère artificiel de la promesse. Si celle-ci comporte une contrainte dépassant l'intérêt qu'on peut avoir de faire ce qu'on a promis, c'est parce que l'intérêt en question a été revêtu, à l'aide de conventions sociales, d'une certaine apparence.

Ce scepticisme quant à l'existence d'une obligation *sui generis* ne doit pas nous faire perdre de vue le point de départ de l'analyse : la distinction catégorielle entre la notion d'intérêt d'un côté, et la notion ordinaire de promesse de l'autre. Hume reconnaît en effet que du moins d'après la conception *ordinaire* que nous en avons, une promesse implique une obligation qui ne se laisse pas rabattre sur le registre des passions et des intérêts.

Si Hume rejette la conception ordinaire, suivant laquelle la promesse est « naturelle », c'est parce qu'à ses yeux cela présuppose l'existence « [d'un] acte de l'esprit qui accompagne ces mots :

je promets, et [dont l'obligation dépendrait] »[1]. Or il ne voit pas comment il pourrait y avoir un tel acte de l'esprit :

> L'acte de l'esprit qu'une promesse exprime n'est pas une *résolution* d'accomplir quoi que ce soit, car elle n'impose jamais d'obligation à elle seule. Ce n'est pas non plus le *désir* de cet accomplissement, car nous pouvons nous obliger sans un tel désir ou, même, avec une aversion déclarée et reconnue. Et ce n'est pas le *vouloir* de cette action que nous promettons d'accomplir, car une promesse est toujours tournée vers un certain avenir, alors que la volonté n'a d'influence que sur les actions présentes. Il s'ensuit donc que, puisque l'acte de l'esprit qui prend part à une promesse et la rend obligatoire n'est pas la résolution, ni le désir, ni le vouloir d'accomplir un acte particulier, ce doit être nécessairement le *vouloir* de cette *obligation* qui vient de la promesse[2].

Dans la perspective qui est celle de Hume, la résolution, le désir et le vouloir ont tous trait à ce qui suscite un acte : la résolution est un acte de l'esprit par lequel on prévoit de faire quelque chose ; le désir, comme nous l'avons vu, l'élan qui nous pousse à agir ; et la volonté « l'impression interne que nous sentons et dont nous sommes conscients, lorsque nous suscitons sciemment un nouveau mouvement de notre corps ou une nouvelle perception de notre esprit »[3]. Si Hume insiste sur l'impossibilité d'expliquer la promesse en termes de désir, de vouloir ou de résolution, c'est parce qu'il admet que la notion ordinaire de promesse ne se situe pas, en tout cas pas entièrement, dans le registre de l'agir effectif. D'où aussi la portée *révisionniste* de son analyse. Qu'il admette que son analyse remet en question la réalité que nous attribuons d'habitude aux promesses montre bien qu'il admet l'intelligibilité d'une certaine distinction catégorielle entre promesse et acte effectif.

Hume reconnaît en effet que l'idée que nous nous faisons de la contrainte d'une promesse concerne l'avenir mais ne se laisse pas pour autant rabattre sur le registre de la résolution, laquelle concerne

1. D. Hume, *Traité de la nature humaine, Livre III*, *op. cit.*, p. 121.
2. *Ibid.*, p. 121-122.
3. D. Hume, *Traité de la nature humaine, Livre II*, *op. cit.*, p. 253.

seulement l'agir effectif. Or, après avoir reconnu la cohérence d'une certaine distinction catégorielle, il tâche d'analyser la contrainte d'une promesse seulement à l'aide de notions ayant trait à l'agir effectif. Il se confronte donc à un dilemme auquel Reinach a donné voix dans un contexte différent :

> *Qu'est-ce au juste qu'une promesse ?* La réponse la plus commune consiste à dire que la promesse est l'expression d'une volonté ; plus précisément, elle est la déclaration ou la communication d'une intention, à l'adresse d'un autre et pour lui, de faire ou d'omettre de faire quelque chose. [...] Pourtant, il est certain que la simple intention de faire quelque chose n'induit pas un tel effet. Certes, un engagement psychologique particulier, une inclination à agir en conséquence peut bien résulter de la décision que j'ai prise. Mais cette inclination psychologique n'est certainement pas une obligation objective, et elle a encore moins à voir avec la prétention objective d'un autre. Mais si c'est le cas, que peut bien changer le fait que je communique cette intention, que j'exprime auprès d'un autre ce que je veux faire pour lui ? [1]

My word is my bond, dit-on. Et pourtant : qu'on ait promis quelque chose à quelqu'un ne garantit pas qu'on accomplisse l'acte en question. Qui plus est, *même* s'il existait une telle garantie, elle ne permettrait pas d'expliquer la contrainte que comporte une promesse. C'est ce sur quoi insiste Reinach. La promesse soulève un dilemme ontologique non pas parce qu'elle est dépourvue d'efficacité, mais parce que celle-ci ne permet pas d'expliquer la réalité propre d'une promesse.

Hume, comme nous l'avons vu, est sensible à la difficulté : il admet au départ de son analyse l'intelligibilité d'une différence catégorielle entre promesse et prévision. Or, une fois qu'il a développé sa perspective réductionniste, laquelle dépouille la promesse de la réalité qu'on lui accorde d'habitude, il s'attèle à remettre en question les apparences même. C'est là le sens de son recours aux conventions sociales. Après avoir remis en question

1. A. Reinach, *Les fondements a priori du droit civil*, trad. fr. R. de Calan, Paris, Vrin, 2004, p. 57.

le caractère *sui generis* des promesses, il recourt aux conventions sociales afin de proposer un ersatz pour notre (fausse) *impression* d'avoir affaire à des contraintes *sui generis*.

Cette stratégie, qui n'est pas seulement employée dans le présent contexte, se laisse décrire dans les termes qu'utilise Charles Travis dans « Le crépuscule de l'empirisme » pour caractériser l'entreprise empiriste dans son ensemble :

> Une thèse surprenante est d'abord avancée, suivie d'un rétropédalage complexe nous suggérant qu'on n'y perd pas *tant* que cela, qu'il existe des *ersatz* suffisamment bons pour remplacer les choses dont nous supposions l'existence [1].

En effet, s'il existe dans le présent contexte un tel rétropédalage, c'est parce qu'au terme de son analyse Hume remet en question la conception ordinaire d'une promesse. L'analyse réductionniste de la promesse est *aussi* censée expliquer notre habitude à situer celle-ci dans un registre à part.

Les conséquences de cette tentative se cristallisent dans un passage du *Traité* devenu célèbre à juste titre :

> Il n'est pas contraire à la raison de préférer la destruction du monde entier à une égratignure de mon doigt. Il n'est pas contraire à la raison que je choisisse d'être totalement ruiné pour empêcher le moindre malaise d'un *Indien* ou d'une personne qui m'est totalement inconnue. Il n'est pas davantage contraire à la raison que je préfère, même en connaissance de cause, un moindre bien à mon plus grand bien, et que j'éprouve une affection plus ardente pour le premier que pour le second. [...] En bref, une passion doit s'accompagner d'un jugement faux pour être déraisonnable ; et même alors, ce n'est pas la passion qui à proprement parler, est déraisonnable, c'est le jugement [2].

1. C. Travis, « The Twilight of Empiricism », in *Objectivity and the Parochial*, Oxford, Oxford University Press, 2011, p. 89. Traduction de l'auteur (D.Z.).

2. D. Hume, *Traité de la nature humaine, Livre II, op. cit.*, p. 272.

Ce passage clôt une analyse qui a été en partie citée ci-dessus, une analyse dans laquelle Hume met en évidence l'incommensurabilité entre raison et passion. L'épreuve d'une passion ne saurait être contraire à la raison puisqu'elle se situe à un niveau qui n'est pas celui des jugements, c'est-à-dire celui du vrai et du faux. Or, l'insistance sur cette incommensurabilité va de pair avec une insistance sur la *commensurabilité* de toutes les passions. Que ce soit un léger mal au doigt ou la recherche de son propre bien, toutes les passions sont traitées comme de simples existences dont la nature est entièrement incommensurable avec le registre de l'entendement. En effet, l'incommensurabilité radicale entre passion et jugement conduit Hume à placer toutes les passions sur le même plan. Mais un tel aplatissement revient avant tout à rejeter la dimension de l'engagement et de l'obligation. Car il n'existe pas dans une telle perspective la possibilité de distinguer entre un simple sentiment d'un côté, et un engagement, susceptible d'être obéi ou enfreint, de l'autre.

La perspective qui s'y dégage ne refuse pas uniquement l'idée d'un impératif catégorique : elle remet en question la dimension de contrainte qui est propre aux engagements et refuse également l'idée d'une contrainte instrumentale ou hypothétique. On le voit surtout dans le dernier exemple de Hume. À cet endroit, on trouve des déclarations qui constituent, à peu de chose près, un rejet explicite de l'idée d'un impératif hypothétique. Hume admet la possibilité de préférer « même en connaissance de cause, un moindre bien à mon plus grand bien » : une telle préférence serait une passion comme toute autre. En effet, si la recherche d'un bien est toujours de l'ordre de la passion, cette recherche ne peut pas comporter une contrainte instrumentale. Comme le désir d'atteindre cette fin est une « simple existence », on ne peut pas donner un sens à la contrainte qui est propre à l'impératif hypothétique, lequel nous *commande* de recourir à certains moyens (afin d'atteindre le bien en question).

C'est à ce niveau qu'on trouve les racines du désaccord entre Kant et l'empirisme en ce qui concerne la raison pratique. Le différend ne concerne pas seulement la question de savoir si, oui ou non, il peut y avoir un commandement « purement rationnel », un impératif catégorique, mais aussi, voire surtout, s'il peut y avoir un raisonnement instrumental qui soit digne de ce nom. Cette dernière question, comme nous l'avons vu, se confond avec celle de savoir s'il existe une distinction catégorielle entre la passion et l'intérêt d'un côté, et l'engagement et la volonté de l'autre. Contrairement à Hume, Kant considère que toute explication satisfaisante des engagements tels que la promesse requiert le recours à une telle distinction.

L'endroit même auquel se situe l'analyse la plus détaillée de cette distinction témoigne de son importance pour l'ensemble de l'entreprise kantienne. C'est au début de la *Critique de la raison pratique*, dans les § 2-3, que Kant distingue entre plaisir (*Lust*) et contrainte (*Nötigung*).

Kant définit, à cet endroit, le désir et le plaisir de la façon suivante :

> J'entends par matière de la faculté de désirer, un objet dont la réalité est désirée. Si donc le désir de cet objet prend le pas sur la règle pratique et s'il est la condition pour que l'on se fasse de cette dernière un principe, je dis (*en premier lieu*) que ce principe est alors toujours empirique. Car le fondement de la détermination de la volonté [*Willkür*] est alors la représentation d'un objet et ce rapport-là de la représentation au sujet, par lequel la faculté de désirer se trouve déterminée à la réalisation de cet objet. Or, un tel rapport au sujet s'appelle le *plaisir* pris à la réalité d'un objet [1].

Comme chez Hume, le désir est ici défini par rapport à l'effort d'obtenir quelque chose : il possède par nature une certaine finalité, et il implique une volonté (non pas évidemment au sens kantien) d'atteindre ou de réaliser quelque chose que le sujet se représente et avec lequel il entretient un rapport que Kant désigne comme un rapport de plaisir. En effet, la tentative au § 2 de montrer que le rapport de plaisir est arbitraire constitue un premier pas dans la

1. KpV, Ak V, 21. Traduction modifiée.

démonstration de la contingence de tout principe s'appuyant sur la recherche d'une fin.

Une telle reformulation de la thèse avancée à cet endroit rend palpable sa proximité avec les analyses de la première partie des *Fondements*. Kant reprend ici, par un autre biais, l'idée selon laquelle le registre de la finalité serait dépourvu de la nécessité caractéristique des principes moraux. Comme nous l'avons vu, dans les *Fondements* cette idée est introduite dans le cadre d'une réflexion sur la valeur morale et sur la bonne volonté. Il s'agit pour Kant de montrer que la poursuite d'une fin ne saurait en aucun cas être le garant de la valeur morale d'une action car cette poursuite peut être le résultat de raisons fort diverses et quand bien même elles susciteraient une conduite qui est conforme à la loi, la conformité serait tout à fait contingente.

Or ces mêmes considérations sont reprises dans les paragraphes 2 et 3 de la *Critique de la raison pratique*. À l'aide des concepts de plaisir et de désir, ces paragraphes délimitent le registre de la finalité et mettent en évidence en quoi il est insuffisant pour expliquer la valeur morale. C'est pourquoi Kant donne au terme de plaisir un sens très large. Bien qu'un certain sentiment de plaisir soit peut-être le paradigme du concept kantien de plaisir, ce concept dépasse l'idée d'un tel sentiment. Il renvoie au contraire à la contingence qui caractérise tout rapport à une fin, et il concerne donc aussi le rapport que nous entretenons avec des objets qui ne nous procurent pas un sentiment de plaisir.

Ce point est mis en relief dans la scholie du § 3, où Kant souligne toute la portée de son analyse. Celle-ci ne porterait pas uniquement sur les thèses d'une position ouvertement sentimentaliste ou empiriste, qui croit trouver les normes de la morale dans le rapport que nous entretenons avec des objets sensibles : elle concerne aussi une position rationaliste qui croit pouvoir dériver ces normes d'un objet intelligible. En effet, cette longue scholie met en évidence la proximité entre deux perspectives qu'il est habituel d'opposer. D'après Kant, toutes les deux essaient de dériver la contrainte d'un principe pratique d'un objet posé au préalable comme le bien.

Aussi sont-elles toutes les deux en dernière analyse une forme d'eudémonisme :

> En effet, quand on recherche les fondements de la détermination du désir et qu'on les place dans un agrément que l'on attend d'une chose quelconque, il n'importe absolument pas de constater d'où vient la *représentation* de cet objet agréable [si elle vient des sens ou de l'entendement], mais seulement combien elle *fait plaisir* [1].

Les positions sentimentalistes et eudémonistes auraient en effet l'avantage d'être cohérentes. Elles assumeraient la tentative de fonder la contrainte des principes pratiques sur le rapport tout à fait contingent que nous entretenons avec des objets sensibles; contrairement au rationalisme, elles n'essaieraient pas de revêtir d'un air de nécessité la contingence de tout rapport à un objet en accordant à celui-ci un statut intelligible.

Dans les *Fondements* comme dans la deuxième *Critique*, Kant s'intéresse surtout à la dérivation d'une certaine norme pratique, la loi morale. Ses analyses se concentrent, dans les deux ouvrages, sur l'impossibilité de fonder cette loi sur la représentation d'un bien quelconque. Mais nous avons pu constater, lors de notre analyse de la première partie des *Fondements*, que l'argumentation de Kant ne porte pas uniquement sur la loi morale. Nous avons pu constater que son rejet d'une certaine conception de la loi morale (laquelle dérive cette loi d'une notion de bien) est le résultat non d'une réflexion sur cette loi mais d'une analyse des règles pratiques en général. Si la poursuite d'une fin ne peut pas pour Kant constituer un critère permettant d'identifier la valeur morale, c'est parce qu'elle ne peut pas être le garant d'un accomplissement d'un principe pratique quelconque. Au niveau d'une telle poursuite on ne peut faire la distinction entre un accord fortuit et un véritable accomplissement. Certes, l'analyse des *Fondements* porte en première ligne sur l'accomplissement d'une certaine loi, la loi morale, mais l'enjeu

1. KpV, Ak V, 21.

principal de cette analyse est l'accomplissement *en général*, l'accomplissement de n'importe quelle loi.

Or, dans la *Critique de la raison pratique* aussi, l'objectif principal de l'analyse n'est pas de s'opposer à une conception dite matérielle de la loi morale qui essaie de dériver cette loi d'une conception du bien. Même si l'analyse se concentre sur une telle conception de la loi morale, l'enjeu central concerne la notion même de principe pratique. Le début du § 2 est explicite sur ce point : « tous les principes pratiques qui présupposent un *objet* (matière) de la faculté de désirer comme fondement de la détermination de la volonté, sont, dans leur totalité, empiriques [...] »[1]. L'accent ici est sur le caractère contingent du registre de la finalité.

En effet, en abordant la question explicitement, ces analyses soulèvent une difficulté que la réflexion dans les *Fondements* contourne. Si tout principe dit matériel est empirique, il n'est pas certain qu'un principe matériel puisse être pratique, c'est-à-dire doté d'une contrainte, d'une *Nötigung*. Il convient de s'interroger si les principes dits matériels peuvent être des impératifs hypothétiques. On pourrait le croire : comme ils « présupposent » le rapport à un objet, ils ressemblent, par leur caractère conditionnel, aux impératifs hypothétiques. Mais comme nous avons déjà pu le constater, l'impératif hypothétique ne se fonde pas sur un désir ou une passion mais sur un *engagement*. C'est pourquoi Kant peut considérer qu'il est analytique : vouloir une certaine fin, *c'est* aussi vouloir les moyens nécessaires pour atteindre cette fin.

Kant lui-même souligne la différence au § 1. Après avoir donné un exemple d'un impératif hypothétique, il fait la remarque suivante :

> La raison, de laquelle seule peut provenir toute règle pourvue de nécessité, pose sans doute aussi de la nécessité dans ce précepte [l'impératif hypothétique] qui est le sien (car sans cela, il ne serait pas un impératif) [...][2].

1. KpV, Ak V, 21.
2. KpV, Ak V, 20. Traduction modifiée.

Quoique conditionnel, l'impératif hypothétique possède une certaine nécessité. Même s'il n'est pas tout à fait clair en quoi consiste cette nécessité, on constate qu'elle lui revient parce qu'il ne repose pas sur le désir, lequel se situe à un niveau empirique.

C'est pourquoi la distinction opérée au § 2 et au § 3, entre des principes dits matériels et des principes dits non-matériels (c'est-à-dire formels) ne coïncide pas avec celle entre des principes conditionnels et des principes inconditionnels. À cet endroit de la *Critique de la raison pratique*, il s'agit d'opérer une distinction qui se situe en amont de celle entre l'hypothétique et le catégorique. Le problème est en effet de délimiter ce qui peut constituer un principe proprement pratique.

Certes, comme l'accent est mis sur la loi morale – cette emphase n'est d'ailleurs pas, comme nous le verrons, dictée uniquement par des considérations programmatiques, par une volonté de fonder une éthique – on peut avoir l'impression que la distinction matériel/formel sert à cerner le caractère inconditionnel de cette loi. Kant oppose les principes matériels à la loi pratique, c'est-à-dire à la loi morale, comme si l'opposition matériel/formel coïncidait avec l'opposition conditionnel / inconditionnel. On reviendra sur ce qui conduit Kant à adopter cette démarche. Ce serait en tout cas une erreur d'inclure les impératifs hypothétiques dans l'ensemble des principes matériels. Car la distinction formel/matériel sert de toute évidence à opposer les principes empiriques aux principes dotés d'une contrainte pratique. Le principe matériel ne saurait satisfaire le critère du pratique proposé au § 1 : il ne saurait être « suffisant pour déterminer la volonté ».

L'enjeu est formulé de façon saisissante au § 3. Après avoir remarqué que tout principe matériel peut être conçu comme un principe eudémoniste, Kant déclare que « une loi *nécessaire subjectivement* (comme loi naturelle) est *objectivement* un principe pratique tout à fait *contingent* » [1]. Autant le registre du désir est doté

1. KpV, Ak V, 25.

d'une nécessité, autant il est dépourvu de la nécessité propre aux principes pratiques, celle que Kant qualifie ici de « objective ».

Certes, les formulations de Kant dans ce début de la *Critique de la raison pratique* sont souvent ambiguës. De nombreuses affirmations portant sur la contrainte de l'impératif hypothétique soulèvent des difficultés considérables. Non seulement Kant qualifie-t-il cette contrainte de « subjectivement conditionnée » [1], mais, qui plus est, il lui arrive de suggérer que l'impératif hypothétique repose sur le *désir* d'un objet. Dans l'impératif hypothétique,

> la volonté [serait] orientée vers quelque *autre chose* dont on présuppose qu'elle le désire [*begehren*], et ce désir, il faut en laisser la responsabilité à l'agent lui-même [...] [2].

À certains endroits Kant rapproche donc l'impératif hypothétique des principes pratiques matériels. Ce sont là des passages qui semblent enlever à l'impératif hypothétique ce qu'il a de plus propre, à savoir sa « nécessité », laquelle, comme le dit Kant sur cette même page, « émane toujours de la raison » [3] et ne peut pas reposer sur un rapport empirique. Nous reviendrons sur ces passages dans la troisième partie du livre. Force est de constater, en tout cas, que ces premiers paragraphes de la *Critique de la raison pratique* sont d'une complexité toute particulière. C'est une complexité qui s'explique par l'objet même de l'analyse. Car on n'y trouve pas seulement une catégorisation des différents principes pratiques : dans ces premiers paragraphes, Kant s'efforce de cerner l'abîme qui sépare l'être du devoir-être, le *Sein* du *Sollen*.

1. KpV, Ak V, 20.
2. *Ibid.*
3. *Ibid.*

CHAPITRE IV

L'ENGAGEMENT ET LA SINCÉRITÉ

Comme l'impératif hypothétique est l'exemple le plus élémentaire de la contrainte qui caractérise tout impératif, et comme il exprime cette contrainte sous une forme moins controversée que ne le fait l'impératif catégorique, il est instructif de l'analyser de près. Or c'est précisément l'apparente simplicité de cet impératif qui explique le peu d'intérêt qu'on lui manifeste. Sa parenté avec la proposition conditionnelle (si *p*, alors *q*) contribue en effet à le rendre invisible. Si on ne s'interroge pas souvent sur sa légitimité, c'est parce qu'on l'assimile à une conditionnelle ; on suppose que l'autorité d'un tel impératif dépend simplement de la vérité de la conditionnelle sur laquelle il repose.

Dès qu'on examine de plus près le rapport que l'impératif hypothétique entretient avec la proposition conditionnelle, on s'aperçoit toutefois qu'une distance considérable sépare l'un de l'autre. On constate qu'il y a lieu de s'interroger sur la légitimité de cet impératif et que cette interrogation soulève des difficultés significatives. Comme nous le verrons dans ce chapitre, *on retrouve déjà au niveau de l'impératif hypothétique les principales difficultés que soulève l'impératif catégorique*.

Prenons comme point de départ l'analyse de l'impératif hypothétique que Kant propose dans les *Fondements* :

> Qui veut la fin, veut aussi (en tant que la raison a sur ses actions une influence décisive) les moyens d'y arriver qui sont indispensablement nécessaires, et qui sont en son pouvoir. Cette proposition est, en ce qui concerne le vouloir, analytique ; car l'acte de vouloir un objet, comme mon effet, présuppose ma causalité, comme causalité d'une cause agissante, c'est-à-dire l'usage des moyens, et l'impératif dérive le concept d'actions nécessaires à cette fin du seul concept de la volonté de cette fin (sans doute, pour

> déterminer les moyens en vue d'un but qu'on s'est proposé, des propositions synthétiques sont requises; mais elles concernent le principe de réalisation, non de l'acte de la volonté mais de l'objet) [1].

La volonté de recourir aux moyens nécessaires pour atteindre une fin serait déjà comprise dans la volonté d'atteindre cette fin. Certes, pour déterminer quels sont ces moyens, il faudrait recourir à des propositions synthétiques. On ne peut trouver les moyens en question qu'en s'appuyant sur une certaine connaissance empirique. Cependant, la *volonté* de recourir à ces moyens, quels qu'ils soient en l'occurrence, serait déjà implicite dans la volonté d'atteindre la fin. L'impératif hypothétique se fonderait en effet sur une vérité analytique selon laquelle « qui veut la fin, veut aussi les moyens d'y arriver qui sont indispensablement nécessaires ».

Il n'est pourtant pas certain que l'analyticité permette d'expliquer de façon satisfaisante l'autorité de l'impératif hypothétique. Car si vraiment la volonté de recourir aux moyens nécessaires était définitionnelle de la volonté d'atteindre une fin, il ne serait pas possible de vouloir une fin *sans* pour autant vouloir les moyens. On ne pourrait par conséquent jamais enfreindre le commandement « si tu veux une fin, tu dois vouloir les moyens nécessaires pour atteindre cette fin ». Ce commandement cesserait d'en être un : il serait bien plutôt une vérité *a priori* dépourvue de toute dimension prescriptive. Comme nous l'avons souligné à plusieurs reprises, la marque de l'impératif est la possibilité de l'infraction, et c'est précisément cette possibilité qu'on éliminerait d'avance si on tenait pour analytique la proposition « qui veut une fin, veut aussi les moyens nécessaires ».

Ce faisant, on se rapprocherait d'une position empiriste dont les apories sont pourtant le point de départ de la réflexion kantienne [2]. Si Kant expliquait l'impératif hypothétique par un recours à l'analyticité, il devrait admettre – comme doit le faire l'empirisme –

1. GMS, Ak IV, 417.

2. Voir sur ce point, C. Korsgaard, « The Normativity of Instrumental Reason », *op. cit.*, p. 47-50 ; R. Pippin, *Hegel's Practical Philosophy : Rational Agency as Ethical Life*, Cambridge, Cambridge University Press, 2008, p. 79-80.

que lorsqu'on ne veut pas les moyens nécessaires pour atteindre une fin, on ne veut pas la fin non plus. Certes, pour l'empirisme cet impératif se situe au niveau des passions et non, comme c'est le cas ici, au niveau de l'engagement. Mais dans un cas comme dans l'autre on établit d'avance qu'aucun écart n'est possible entre la recherche des fins et le recours aux moyens nécessaires. Aussi remet-on en question l'idée même d'un raisonnement instrumental. Dès qu'on constate qu'un sujet ne veut (ou ne désire) pas les moyens, on peut conclure qu'il ne veut (ou ne désire) pas la fin non plus. On élimine d'avance la possibilité qu'on veuille les fins *sans* pour autant vouloir les moyens ; et, ce faisant, on dépouille le raisonnement instrumental de sa dimension prescriptive.

Cette difficulté explique la remarque entre parenthèses : « qui veut une fin, veut les moyens nécessaires » serait analytique *en tant que la raison a sur nos actions une influence décisive* [1]. La remarque est censée introduire l'écart, entre la recherche des fins et le recours aux moyens, qui permet d'accorder une dimension prescriptive à l'impératif hypothétique. Il s'agit d'admettre la possibilité d'une infraction : faute d'une influence suffisante de la raison, un sujet voudra les fins sans pour autant vouloir les moyens.

On retrouve cette stratégie au § 1 de la *Critique de la raison pratique*, lorsque Kant présente, dans un passage que nous avons déjà analysé en détail, la notion d'impératif.

> La règle pratique est toujours un produit de la raison parce qu'elle prescrit l'action, comme moyen, en vue de l'effet, comme intention. Mais cette règle est, pour un être chez qui la raison n'est pas, de manière totalement exclusive, fondement de la détermination de la volonté, un *impératif*, c'est-à-dire une règle qui comporte un devoir [*ein Sollen*] exprimant la contrainte objective imposant l'action, et elle signifie que, si la raison déterminait entièrement la volonté, l'action se produirait immanquablement d'après cette règle [2].

1. GMS, Ak IV, 417.
2. KpV, Ak V, 20. Traduction modifiée.

D'une manière encore plus explicite que dans les *Fondements*, ce passage recourt à la figure de l'être rationnel pour expliquer la contrainte de l'impératif. L'obligation de l'impératif est présentée comme étant une contrepartie de la rationalité d'un sujet : nous serions contraints de faire ce que l'impératif nous commande *dans la mesure* où nous sommes rationnels.

Une telle stratégie implique à son tour de nouvelles difficultés. Car elle oblige de restreindre radicalement l'autorité de l'impératif hypothétique. Si le lien (« analytique » et, remarquons-le, descriptif) entre vouloir une fin et vouloir les moyens existe uniquement chez des êtres rationnels, il n'est pas certain que la contrainte s'applique à des êtres sur lesquels la raison n'a pas une « influence décisive ». De tels passages soulèvent en effet un certain spectre du rationalisme : la possibilité que les exigences de la raison n'aient une prise sur nous que si nous admettons au préalable l'autorité de la raison.

C'est pourquoi certains auteurs tiennent la philosophie morale de Kant pour une « théorie idéale »[1], c'est-à-dire pour un effort de modélisation : il s'agirait d'établir d'abord des contraintes valables pour des êtres rationnels et de montrer ensuite que, dans la mesure où l'idée d'un tel être s'applique à nous – parce que nous nous y identifions, ou parce que nous cherchons à être rationnels – les contraintes dégagées à l'aide de cette idée ont aussi une prise sur nous. Il existerait donc inévitablement un écart entre, d'un côté, ce que nous sommes « effectivement », en tant qu'êtres empiriques et particuliers, et, de l'autre, l'identité rationnelle avec laquelle, à en croire une telle critique, opère la pensée kantienne. Il resterait toujours, en somme, l'abîme entre le royaume sensible et le royaume intelligible. De par sa démarche, la philosophie morale kantienne demeurerait une idéalisation dont les prescriptions dépendraient du lien fragile et artificiel que cette philosophie peut éventuellement établir entre ces deux royaumes.

1. Voir par exemple la caractérisation de la philosophie morale kantienne donnée par R. Geuss au début de son *Philosophy and Real Politics*, Princeton, Princeton University Press, 2008, p. 7. Ce reproche est d'habitude présenté à l'aide de l'idée de l'égoïsme rationnel : voir notamment B. Williams, *Ethics and the Limits of Philosophy*, *op. cit.*, p. 54-70.

Si cette critique se concentre d'habitude sur la conception kantienne de la morale et sur l'idée de l'impératif catégorique, elle soulève un enjeu qui concerne la notion d'impératif en général. Or, force est de constater que, du moins pour l'impératif hypothétique, la démarche de Kant n'est pas celle que cette critique prétend. Comme nous l'avons vu, le recours à la figure de l'être rationnel s'explique au premier chef par la volonté de faire une place à la possibilité de l'infraction. Kant fait intervenir « l'influence de la raison » pour permettre la possibilité de l'échec. Mais la source de l'autorité de l'impératif hypothétique se situe ailleurs. C'est par l'analyticité que Kant cherche à expliquer cette autorité : il conçoit celle-ci comme implicite dans la simple volonté d'atteindre une fin. Dans l'impératif hypothétique se refléterait une dimension centrale de l'acte de vouloir.

Il convient en effet de garder à l'esprit la *fonction* de la « thèse d'analyticité » : cette thèse est d'abord une réponse au problème de savoir d'où tire son origine la contrainte de l'impératif hypothétique. Si Kant considère que cet impératif n'appelle pas d'analyse approfondie, c'est parce qu'il le conçoit comme l'expression d'une exigence élémentaire inhérente à toute volonté d'atteindre une fin. On le voit dans le passage des *Fondements* où il aborde la question : l'impératif hypothétique n'est pas une simple règle conditionnelle (comme l'est aussi « si tu désires, tu dois … ») car il saisit une dimension essentielle de tout acte de vouloir.

Reste à savoir comment, dans une telle optique, on peut accorder une place à l'infraction. Nous retrouvons ici une difficulté que nous avons évoquée dans le premier chapitre, lorsque nous nous intéressions aux analyses de la bonne volonté. Kant y oppose la bonne volonté au « simple vœu » en expliquant que cette volonté implique « l'appel à tous les moyens dont nous pouvons disposer »[1]. Mais comment peut-on distinguer *in concreto* ces deux cas de figure ? Qu'est-ce qui permet de savoir si on a affaire à une infraction ou à l'absence d'un engagement ? *Si* on s'est réellement engagé à faire quelque chose, on veut recourir aux moyens nécessaires

1. GMS, Ak IV, 394.

pour y parvenir. Mais comment détermine-t-on si un sujet s'est effectivement engagé ? Formulée dans un vocabulaire kantien, la question est tout simplement la suivante : comment déterminer si une personne a réellement adopté une certaine maxime ?

Kant est évidemment sensible à l'importance de cette question pour l'appréciation des situations particulières. Il faut juger une personne selon la maxime qu'elle a effectivement adopté, non sur la base d'un engagement affecté. En effet, une certaine exigence de sincérité est à l'origine de tout l'effort kantien pour délimiter le registre de la valeur morale. Tout le problème consiste à savoir si le sujet « veut vraiment » accomplir la loi, s'il le veut suffisamment pour le faire même lorsque le destin n'y concourt pas. En ce sens, la question de la sincérité occupe une place centrale dans les analyses kantiennes.

Or, si la question est décisive à ce niveau, elle n'a à peine d'importance sur un autre plan. Car la question de savoir quelle maxime un sujet a effectivement adoptée est externe au problème de délimiter la réalité de l'engagement telle que la conçoit Kant. Le problème auquel s'intéresse Kant, pourrait-on dire, est celui de savoir en quoi consiste la contrainte d'une maxime *étant donné* qu'un sujet l'a effectivement adoptée. Pour le philosophe allemand, le véritable problème commence là où on suppose qu'un sujet s'est engagé. Celui-ci peut toujours feindre un engagement, mais la question intéressante, pour Kant, est celle de savoir quelles sont les conséquences d'un engagement réel. La question de la sincérité est, en ce sens, extérieure à son champ de recherches ; elle est pertinente uniquement dans le cadre de l'appréciation morale d'une situation particulière, lorsqu'il s'agit d'*appliquer* les principes dégagés dans l'analyse théorique.

Cette distinction, entre une question théorique d'un côté et un enjeu pratique de l'autre, est palpable dans la présentation des exemples. Ceux-ci sont toujours présentés dans une certaine optique : Kant décrit la situation en adoptant ce qu'on pourrait appeler le point de vue de la délibération. Non que Kant considère que l'adoption d'une maxime soit toujours précédée par une délibération. Mais l'idée même de l'adoption d'un principe implique l'existence d'un tel moment : c'est le moment qui précède l'adoption.

Un homme qui est dégoûté par la vie et tente de mettre fin à son désespoir « reste encore assez maître de sa raison pour pouvoir se demander à lui-même si ce ne serait pas une violation du devoir envers soi que d'attenter à ses jours »[1]. Un autre, poussé par le besoin à emprunter de l'argent, « a aussi assez de conscience pour se demander : n'est-il pas défendu, n'est-il pas contraire au devoir de se tirer d'affaire par un tel moyen ? »[2]. Dans ces deux cas, choisis au hasard, Kant présente la situation d'une perspective dans laquelle le sujet n'a pas encore choisi une maxime. Aussi, par la seule présentation de la situation, Kant met en relief la distinction entre l'acte d'adopter une maxime d'un côté et la maxime elle-même de l'autre. La sincérité du sujet est un enjeu secondaire dans l'étude de la volonté parce que le sujet se situe dans une position d'extériorité par rapport à son propre vouloir : il peut choisir d'adopter telle ou telle maxime et, partant, d'en faire – ou non – *sa* maxime[3].

En effet, à y regarder de plus près, on s'aperçoit que ce rapport d'extériorité soulève un certain nombre de questions.

> En fait, il est absolument impossible d'établir par expérience avec une entière certitude un seul cas où la maxime d'une action d'ailleurs conforme au devoir ait uniquement reposé sur des principes moraux et sur la représentation du devoir. Car il arrive parfois sans doute qu'avec le plus pénétrant examen de nous-même nous ne trouvons absolument rien qui, en dehors du principe moral du devoir, ait pu être assez puissant pour nous pousser à telle ou telle bonne action et à tel grand sacrifice ; mais de là on ne peut nullement conclure avec certitude que réellement ce ne soit point une secrète impulsion de l'amour-propre qui, sous le simple mirage de cette idée, ait été la vraie cause déterminante de la volonté ; c'est que nous nous flattons volontiers en nous attribuant faussement

1. GMS, Ak IV, 422. Traduction modifiée.
2. *Ibid.*
3. *Cf.* C. Korsgaard, *The Sources of Normativity*, Cambridge, Cambridge University Press, 1996, p. 92-97.

> un principe de détermination plus noble ; mais en réalité nous ne pouvons jamais, même par l'examen le plus rigoureux, pénétrer entièrement jusqu'aux mobiles secrets ; parce qu'il s'agit de valeur morale, l'essentiel n'est point dans les actions, que l'on voit, mais dans ces principes intérieurs des actions, que l'on ne voit pas [1].

Il n'y aurait pas un lien suffisamment stable entre la volonté et les actes d'un sujet pour que nous puissions, en observant les actes, tirer des conclusions certaines quant à la disposition du sujet. Il existerait un gouffre entre, d'un côté, l'extérieur, accessible à tous sous forme d'actes observables, et, de l'autre, l'intérieur, la sphère des maximes. Ce serait donc « entièrement impossible » d'établir « avec une entière certitude un seul cas où la maxime d'une action d'ailleurs conforme au devoir ait uniquement reposé [...] sur la représentation du devoir ». Lorsqu'il s'agit de valeur morale, insiste Kant, nous avons affaire non aux actes, qui sont visibles, mais aux maximes, qui sont invisibles. Nous sommes, de ce fait, privés de toute certitude.

Surtout les formulations sommaires au début et à la fin du paragraphe donnent l'impression que le partage esquissé à cet endroit, entre l'extérieur et l'intérieur, correspond à une division traditionnelle entre l'extériorité du corps compris comme objet physique et l'intériorité de la pensée, entre une connaissance publique qu'autrui peut posséder, et une connaissance privée qui est inaccessible aux autres. Or il importe de remarquer que Kant présente tout son raisonnement à la première personne : « en réalité *nous* ne pouvons jamais, même par l'examen le plus rigoureux, pénétrer entièrement jusqu'aux mobiles secrets ». La conclusion est énoncée de façon impersonnelle (« l'essentiel n'est point dans les actions, que l'on voit... »), mais elle concerne aussi le rapport que le sujet entretient avec lui-même. En effet, dans le passage cité il s'agit avant tout de ce rapport à soi. Kant cherche à montrer que le sujet ne pourrait pas établir, d'un point de vue en première personne, « même par l'examen le plus rigoureux », quels sont ses véritables

1. GMS, Ak IV, 407.

motifs. *Le sujet est lui-même exclu de la sphère d'intériorité* dont il est question à cet endroit.

Il demeure externe à cette sphère, à en croire Kant, parce que l'amour-propre peut toujours lui jouer un mauvais tour. Aussi est-il indispensable de distinguer ici entre l'amour-propre et l'égoïsme. Celui-ci présuppose une lucidité : nous devons connaître nos propres desseins si nous voulons faire le nécessaire pour les satisfaire. Or, dans le paragraphe suscité, c'est précisément cette lucidité que l'amour-propre ôte au sujet. La tromperie que déploie l'égoïsme pour promouvoir les intérêts du sujet se retourne contre celui-ci.

En recourant à cette notion d'amour-propre, Kant s'appuie sur une certaine distinction, entre amour de soi et amour-propre, qui tire sa source du moralisme français [1]. Loin d'être un simple égoïsme, l'amour-propre dont il est question dans le passage suscité est celui dont parle Nicole dans sa critique de l'humanisme dévot :

> Nous aimons à nous tromper [...], parce que cela est tout-à-fait commode pour l'amour-propre [2].

Il est question ici d'un amour de soi qui se retourne en quelque sorte contre lui-même : le sujet finit par devenir la victime de l'astuce et de la perfidie qui, dans la recherche des intérêts propres, étaient d'abord nécessaires pour tromper autrui. Que l'allemand ne connaisse pas la distinction terminologique entre amour de soi et amour-propre ne change rien à l'affaire ; la *Selbstliebe* dont parle Kant est l'amour-propre, non pas l'amour de soi. C'est une force qui ôte au sujet une certaine connaissance de soi, lui empêchant d'avoir une prise sur ses propres mobiles.

Bien que la thèse qu'avance Kant soit formulée à la troisième personne, elle porte principalement sur une certaine conception du rapport à soi. Les maximes se soustraient non seulement au regard

1. La distinction devient finalement une opposition chez Rousseau : *cf.* notamment la célèbre note de bas de page dans le second *Discours* : J.-J. Rousseau, *Œuvres complètes. III. Du contrat social. Ecrits politiques*, Paris, Gallimard, 1964, p. 219-220.

2. P. Nicole, *Les Visionnaires, ou seconde partie des lettres sur l'hérésie imaginaire, contenant les huit dernières*, Liège, Adolphe Beyers, 1667, p. 317.

d'un observateur, mais aussi au regard du sujet lui-même. En effet, dans le passage suscité, le sujet devient en quelque sorte un observateur *de lui-même*. Tout en étant mieux placé qu'autrui, il est en dernière analyse, lui aussi, un observateur de ses propres mobiles. Certes, l'examen par lequel il essaie de saisir ses mobiles est un examen introspectif, inaccessible à autrui. Mais cet examen est effectué d'une position d'extériorité qui est propre à l'observateur : même après s'être examiné rigoureusement « on ne [pourrait] nullement *conclure* avec certitude » quel est le véritable mobile à l'œuvre dans sa propre conduite. Le point surprenant n'est pas que cette conclusion soit dépourvue de certitude mais qu'elle soit, précisément, une *conclusion.* Comme s'il était un observateur, le sujet doit *tirer des inférences* sur la base de telle ou telle indication afin d'arriver à des conclusions quant à ses propres mobiles. Que ces indications lui soient fournies par un examen de sa conscience et non seulement par l'observation de son comportement extérieur ne change en rien l'extériorité de sa position vis-à-vis de ses propres maximes.

L'intériorité dont il est question n'est donc pas celle que décrit par exemple Locke lorsqu'il soutient que, le jour du Jugement Dernier, les secrets de tous les cœurs étant mis à nu, nous pourrons voir directement ce que jusque-là on pouvait seulement supposer par inférence.

> Les lois humaines punissent [...] selon une règle de justice qui s'accorde à leur mode de connaissance : ne pouvant dans [certains] cas distinguer avec certitude ce qui est vrai et ce qui est feint, elles ne peuvent admettre comme défense valable l'ignorance due à l'ivresse ou au sommeil. Car bien que le châtiment soit attaché à la personnalité, et la personnalité à la conscience [*consciousness*], et que peut-être l'ivrogne n'ait pas conscience de ce qu'il a fait, les tribunaux humains cependant le punissent à bon droit, parce que contre lui il y a la preuve du fait, tandis qu'en sa faveur il ne peut y avoir la preuve du manque de conscience. Mais au jour du Jugement Dernier, quand les secrets de tous les cœurs seront mis à nu, on peut raisonnablement penser que personne ne sera tenu de

> répondre pour ce dont il n'a pas eu connaissance ; mais il recevra le verdict qui convient, sa seule conscience [*conscience*] l'accusant ou l'excusant[1].

À en croire Locke, les lois humaines seraient nécessairement imparfaites en raison du « mode de connaissance » qui est le leur. Elles doivent déterminer la culpabilité d'une personne en s'appuyant sur la seule connaissance que nous les humains avons d'autrui, à savoir une connaissance des actes extérieurs. Bornée à une telle connaissance, la législation humaine doit faire des inférences, lesquelles sont inévitablement dépourvues de certitude, pour essayer d'identifier les mobiles et les intentions d'une personne. « Ne pouvant dans certains cas distinguer avec certitude ce qui est vrai et ce qui est feint », la législation humaine peut seulement punir selon une règle de justice imparfaite.

Si Locke tient pour imparfaite la législation humaine en raison de son mode de connaissance, c'est parce que, dans la perspective qui est la sienne, il existe un autre mode de connaissance, permettant de saisir avec certitude les mobiles et les intentions d'un sujet. En effet, ladite législation serait imparfaite non en raison d'une particularité des objets sur lesquels elle porte mais en raison du point de vue limité qui est le sien. Si l'imperfection relevait des objets eux-mêmes, et non du point de vue, elle n'en serait pas vraiment une. Il n'y a d'imperfection que là où une perfection est possible ou du moins concevable. Les lois humaines sont imparfaites parce qu'elles n'arrivent pas à saisir ce que, le jour du Jugement Dernier, sera « mis à nu », à savoir la conscience que les personnes ont de leurs propres états d'esprit.

Il importe de remarquer que le problème que Locke soulève dans le présent passage est celui que nous avons analysé en détail au long des premiers deux chapitres : le problème de savoir en quoi consiste un véritable accomplissement de la loi. En effet, en ce qui concerne la lettre de la loi, il n'y a pas de doute, l'ivrogne l'a enfreinte (« les tribunaux humains […] le punissent à bon droit, parce que contre lui

1. J. Locke, *Identité et différence*, trad. fr. E. Balibar, Paris, Seuil, 1998, p. 171.

il y a la preuve du fait »). Mais Locke souligne que l'infraction – la véritable infraction – ne peut pas dépendre des actes extérieurs. Il s'agit de savoir si la personne y était pour quelque chose : si c'était *lui* qui l'a fait, s'il y a eu un faire dont il est reponsable. Cela dépend non de l'acte extérieur mais des intentions intérieures.

Or, selon Locke, ces intentions font l'objet d'une connaissance que tout un chacun possède d'un point de vue en première personne. Cet examen intérieur est, par nature, inaccessible à autrui. D'où le caractère imparfait des lois humaines. Mais si ces lois sont imparfaites, c'est précisément parce qu'il existe un étalon permettant d'établir de façon univoque quelles sont les véritables intentions d'une personne. La législation humaine est imparfaite dans la mesure où elle est obligée d'arriver par des détours à ce que chacun, par l'introspection, saisit directement.

Dans le passage des *Fondements* cité ci-dessus, Kant récuse un tel recours à l'introspection. Même « le plus pénétrant examen de nous-même », insiste-t-il à cet endroit, ne nous permet pas de connaître avec certitude quelles sont nos véritables maximes. Sur ce point, Kant se situe donc aux antipodes de Locke : notre conscience, dans le sens où Locke entend ce terme, ne peut pas constituer le garant d'une véritable connaissance de soi. L'intériorité à laquelle il fait référence lorsqu'il désigne les maximes comme principes intérieurs, n'est pas celle que Locke désigne par ce même terme. Si les maximes sont des principes intérieurs, ce n'est pas parce qu'elles se situent dans notre for intérieur.

En effet, Kant soutient qu'un sens intérieur, si intime soit-il, nous place dans une position par rapport à nous-mêmes qui est semblable à celle qu'occupe autrui. Certes, le sens intérieur implique un rapport à soi qui est radicalement différent du rapport qu'on entretient avec autrui. C'est ce qui en fait un sens *intérieur* : il permet un accès à soi-même dont autrui est exclu. Encore est-il qu'en nous rapportant à nos états d'esprit par un sens intérieur, nous adoptons une position d'extériorité par rapport à ce qui fait l'objet de ce sens. C'est ce sur quoi insiste Kant lorsqu'il critique la fiabilité d'un tel sens et remet en question sa capacité à nous fournir des connaissances. Que nous soyons les *seuls* observateurs de nos états d'esprit ne change rien au fait que nous soyons des *observateurs*. Kant cherche ainsi à étendre, au sens intérieur, les limitations qui, selon lui, sont constitutives d'un point de vue d'observateur. À l'endroit que nous avons cité, il le fait en s'appuyant sur un héritage du moralisme : dans la mesure où nous nous rapportons à nous-mêmes comme le fait un spectateur, notre amour-propre peut nous tromper de la même façon que l'amour de soi peut tromper autrui.

Nous reviendrons sur ce point, qui touche au cœur de l'effort kantien pour dégager la nature de l'engagement. Comme nous le verrons, en rapprochant l'accès introspectif à soi d'une perception quelconque, Kant cherche à dégager, par contraste, l'idée d'une autre manière de se rapporter à soi. Une manière qui n'implique pas, comme peut le suggérer le terme même « rapporter », deux éléments séparés. Dans le « rapport à soi » que Kant veut dégager par contraste, nous ne nous rapportons pas à nous-mêmes comme à un objet.

Kant s'efforce de montrer que, dès qu'on essaie de saisir la volonté dans une perspective « théorique », dans l'optique du spectateur, on perd de vue ses traits essentiels. C'est ce qui arrive à Hume lorsqu'il recherche un acte de l'esprit qui pourrait correspondre à une promesse. Il s'étonne de n'en trouver aucun. Cependant, le point de vue qu'il adopte exclut d'avance le type de contrainte qui est propre à un engagement. On reviendra, dans les chapitres X et XI, sur cette critique du sens intérieur : elle joue un rôle décisif dans la déduction transcendantale de la troisième partie des *Fondements*. Pour l'instant, il s'agit d'en dégager la portée. Car cette critique remet en cause le partage, entre l'analyse de l'impératif et son application, que nous avons évoqué ci-dessus.

La manière dont Kant aborde la question de la sincérité présuppose l'existence d'un certain étalon permettant de déterminer les véritables intentions d'une personne. Chez Locke, c'est la notion de conscience qui accomplit ce rôle : elle est une pierre de touche permettant d'établir quels sont les véritables mobiles et desseins d'une personne. Il se trouve qu'en raison de certaines limitations ayant trait à notre finitude, nous ne pouvons pas recourir directement à cet étalon : nous devons donc nous appuyer sur des inférences incertaines. Encore est-il que, dans la perspective lockéenne, il existe un étalon permettant d'établir les véritables mobiles d'une personne. Sur un plan conceptuel, la question de savoir ce que le sujet voulait réellement est distincte de l'évaluation morale de ce vouloir lui-même.

D'où l'importance de l'idée du Jugement Dernier. Si le jour du Jugement Dernier tout un chacun « recevra le verdict qui convient, sa seule conscience l'accusant ou l'excusant », c'est parce que, à ce moment, on pourra recourir directement à l'étalon qui détermine ce qu'une personne voulait réellement. L'idée d'un tel scénario témoigne d'une certaine conception de l'engagement. Il existerait un étalon permettant de déterminer, de façon univoque, ce qu'étaient, *ex ante*, les mobiles d'une action. Aussi, le moment venu, on peut recourir à lui pour résoudre le problème de savoir quand la loi a réellement été accomplie et quand elle a été enfreinte [1].

Reste à savoir si cela est vrai aussi chez Kant. Par un certain côté, son entreprise semble remettre en cause l'idée selon laquelle il y aurait un moyen pour déterminer, *ex ante*, quels sont les véritables mobiles d'un sujet. Car, pour ce faire, il faudrait placer le vouloir dans un registre où il pourrait faire l'objet d'une connaissance. Mais Kant cherche à montrer justement que la volonté ne se situe pas dans un tel registre et que la tentative de la placer à un tel niveau finit par la dépouiller de ce qu'elle a de plus propre. Par ce côté, son projet s'oppose à la tentative de considérer la sincérité de l'agent comme un problème autonome, distincte de l'étude de la volonté et de ses contraintes.

Or, par un autre côté, sa position admet un tel partage. Car Kant envisage l'étude de la volonté *comme s'il existait* un certain étalon permettant d'identifier, de façon indépendante, les véritables

1. On peut considérer que dans d'autres contextes, Locke adopte une position différente : le recours à la notion de conscience ne sert pas toujours à fournir une analyse réductionniste de l'identité personnelle. *Cf.* J. McDowell, « Reductionism and the First Person », in *Mind, Value, and Reality*, *op. cit.*, p. 366-377.

mobiles d'un agent. Il procède comme si on pouvait répondre à la question de savoir quelle maxime un sujet a effectivement adoptée tout en faisant abstraction de la situation en question. En effet, un tel partage est présupposé par la conception kantienne du rapport que le sujet entretient avec ses propres maximes. Le sujet est en retrait par rapport à ses engagements et peut choisir d'adopter, ou non, une maxime dont on peut, de façon indépendante, étudier les caractéristiques. La réponse à la question de savoir si un sujet a obéit à la loi ne dépend ensuite que de ces caractéristiques [1].

Dans une telle optique, la sincérité constitue un problème indépendant : on peut se demander quelle maxime le sujet a « réellement » adoptée avant d'étudier cette maxime elle-même. Mais il n'est pas certain que ce partage soit compatible avec l'autre versant de l'entreprise kantienne que nous avons identifié, à savoir la critique du sens intérieur, laquelle amène Kant à déclarer que « l'homme, d'après la connaissance qu'il a de lui par le sens intime, ne peut se flatter de se connaître lui-même tel qu'il est en soi » [2]. Par ce côté de son entreprise, Kant s'attèle à montrer que la volonté n'est rien d'autre qu'une certaine implication du sujet.

1. Les maximes sont les *ombres* des intentions du sujet, au sens où Wittgenstein emploie ce terme. *Cf.* G. E. Moore, « Wittgenstein's Lectures in 1930-33 », *in* L. Wittgenstein, *Philosophical Occasions, 1912-1951*, Indianapolis, Hackett, 1993, p. 59 ; L. Wittgenstein, *Philosophische Untersuchungen. Werkausgabe, Band 1*, Francfort, Suhrkamp, 1984, § 91-95.

2. GMS, Ak IV, 451.

DEUXIÈME PARTIE

L'*ANANKE STENAI* DES MODERNES, OU LE *FAKTUM* DE LA RAISON

Bin ich der Flüchtling nicht ? Der Unbehauste ?
Der Unmensch ohne Zweck und Ruh ?
Der wie ein Wassersturz von Fels zu Felsen brauste,
Begierig wüthend nach dem Abgrund zu.

Johann Wolfgang von Goethe, *Faust. Eine Tragödie*

CHAPITRE V

LA DÉCOUVERTE DE L'AUTONOMIE

La nouveauté décisive de sa perspective éthique, insiste Kant, consisterait en ceci qu'elle abandonne la supposition, généralement admise avant lui, que la loi morale est externe à ce à quoi elle s'applique. L'apport fondamental de sa doctrine éthique serait d'avoir découvert – et c'est bien une découverte (non une invention) pour Kant : nous y reviendrons – qu'une loi morale, quelle qu'elle soit, ne peut pas nous être imposée de l'extérieur mais doit être adoptée par nous-mêmes [1].

Ces célèbres déclarations soulèvent de nombreuses questions quant à l'autorité qu'une loi morale possède dans la perspective de Kant. Quel type d'autorité peut-on accorder à la loi si elle ne s'impose pas de l'extérieur, comme l'admettent les diverses formes de dogmatisme? Cette loi peut-elle encore avoir une dimension contraignante? Après avoir mis en évidence la place centrale qu'occupe, dans le projet kantien, la réflexion sur la contrainte pratique en général, nous revenons, dans ce chapitre et dans le suivant, sur la question de savoir quelle est la contrainte caractéristique d'une loi morale.

Notre point de départ sera la déclaration que nous venons d'évoquer :

> Il n'est maintenant plus surprenant, si nous jetons un regard en arrière sur toutes les tentatives qui ont pu être faites pour découvrir le principe de la moralité, que toutes aient nécessairement échoué. On voyait l'homme lié par son devoir à des lois, mais on ne réfléchissait pas qu'il n'est soumis *qu'à sa propre législation*, encore que *cette législation soit universelle*, et qu'il n'est obligé d'agir que conformément à sa volonté propre, mais à sa volonté établissant

1. GMS, Ak IV, 432-433.

> suivant la fin naturelle une législation universelle. Car, si l'on ne le concevait que comme soumis à une loi (quelle qu'elle soit), celle-ci devrait nécessairement comporter un intérêt sous forme d'attrait ou de contrainte [*Zwang*], parce qu'elle ne dériverait pas comme loi de *sa* volonté, et que sa volonté serait contrainte conformément à la loi par *quelque chose d'autre* à agir d'une certaine manière. Or c'était cette conséquence de tout point inévitable qui faisait que tout travail pour trouver un principe suprême du devoir était perdu sans retour. Car on ne découvrait jamais le devoir, mais la nécessité d'agir par un certain intérêt. Que cet intérêt fût un intérêt personnel ou un intérêt étranger, l'impératif affectait toujours alors nécessairement un caractère conditionnel et ne pouvait en rien être bon pour le commandement moral [1].

Cette présentation que Kant fournit de la rupture qu'implique sa propre position n'est pas dépourvue d'une certaine ambiguïté.

Il s'agit évidemment pour Kant de mettre en relief la nouveauté de sa position. Sa perspective serait suffisamment innovatrice pour qu'en se plaçant de son point de vue, on puisse attribuer une même erreur à toute la tradition philosophique, ancienne et moderne : l'erreur d'avoir conçu la loi morale seulement comme imposée. On pourrait, de façon rétrospective, à partir de cette nouvelle perspective, considérer cette tradition comme *une* seule tradition : la nouveauté de la doctrine kantienne serait telle qu'elle permettrait d'unifier les divers courants de pensée morale qui l'ont précédée autour d'un point fondamental que cette doctrine conteste.

Or, tout en essayant de se démarquer de la tradition, Kant finit par se rapprocher d'elle plus qu'il ne le devrait peut-être. Car il maintient que la rupture concerne la conception de la loi morale. C'est du moins ainsi qu'il la présente dans un premier moment : il « jette un regard en arrière », « sur toutes les tentatives qui ont pu être faites pour découvrir le principe de la moralité », afin de montrer en quoi se distingue sa propre conception de ce principe. Comme si, dans sa philosophie morale, il proposait une nouvelle réponse à la vénérable question de savoir quel est le principe suprême de la

1. GMS, Ak IV, 432-433. Traduction modifiée.

morale. En présentant ainsi la rupture, il admet l'existence d'une certaine continuité : si la rupture se situe au niveau de la *solution* d'un certain problème, il doit exister une continuité au niveau du problème lui-même.

Or, lorsqu'on examine de plus près sa description de la rupture, on s'aperçoit qu'il existe aussi une discontinuité au niveau de l'horizon d'analyse. Car il s'agit pour Kant non seulement de trouver « la » véritable loi morale mais aussi de s'interroger sur ce qui *peut* constituer une telle loi. En effet, l'erreur que Kant impute à la tradition concerne d'abord la contrainte pratique en général, non la loi morale en particulier. Le problème serait qu'on n'aurait pas reconnu que l'homme « n'est obligé d'agir que conformément à sa volonté propre ».

Kant semble considérer que, dans sa perspective, la loi morale n'est pas un principe pratique parmi d'autres ; non seulement parce qu'elle est inconditionnelle (en un certain sens, tout le problème est de savoir ce qu'on peut entendre par ce terme ; qu'elle s'applique à tout un chacun dans toutes les situations pertinentes ?) mais parce qu'elle n'a pas la forme d'une prescription nous commandant certaines choses et nous en interdisant d'autres. En effet, les pages précédant le passage cité suggèrent qu'il n'existe pas de loi morale dans le sens où on entend ce terme d'habitude : il existerait seulement la législation que nous nous imposons à nous-mêmes.

On le voit aussi dans un passage de la deuxième *Critique* où Kant présente sa rupture avec la tradition d'une façon un peu différente [1]. Dans le passage que nous venons de citer, Kant établit un lien étroit entre, d'un côté, la thèse suivant laquelle la loi nous serait imposée et, de l'autre, une perspective qui n'accorde à la loi qu'une autorité conditionnelle. Mais il ne s'attarde pas sur ce lien. Or, dans la deuxième *Critique* on retrouve quelques indications supplémentaires sur ce rapport. L'erreur de la tradition, déclare Kant à cet endroit, aurait été d'avoir toujours cherché à fonder la loi morale sur une conception du bien. Celle-ci pouvait évidemment prendre

1. KpV, Ak V, 64.

des formes fort différentes : on pouvait recourir « au bonheur, à la perfection, au sentiment moral ou à la volonté de Dieu »[1]. Mais ces différences ne changeaient rien à la stratégie d'analyse, laquelle consistait à expliquer la prise que la loi peut exercer sur nous à l'aide d'une idée du bien. Il s'agissait toujours de montrer que *parce qu*'une certaine fin est (inconditionnellement) bonne il faut obéir aux lois qui en découlent.

Reste à savoir pourquoi le recours à la notion de bien rendrait conditionnelle l'autorité d'une loi. On voit mal comment on pourrait l'affirmer avant d'avoir considéré de plus près le bien en question. Ce serait sans doute l'objection des défenseurs du droit naturel : si on se réclame du Bien Souverain pour justifier la loi morale, c'est évidemment parce qu'on considère que ce bien *est* souverain et qu'il permet de dériver des exigences inconditionnelles. Fait partie de sa nature que l'autorité des exigences qui en découlent ne dépend pas de la volonté de l'atteindre.

Nous retrouvons ici des enjeux que nous avons abordés dans le chapitre II en nous appuyant sur les analyses de la première partie des *Fondements*. En effet, on peut considérer que cette première partie des *Fondements* est un effort pour démontrer la thèse que nous venons d'évoquer, à savoir que le recours à une idée du bien ne peut jamais fonder une loi morale digne de ce nom. On peut concevoir les analyses à cet endroit, nous l'avons vu, comme un raisonnement par l'absurde : Kant cherche à montrer que *même si* on suppose qu'une fin est bonne, cette fin ne pourrait jamais constituer un critère de valeur morale. Car au niveau des fins on manque toujours les moyens pour établir quand il existe un véritable accomplissement d'une loi et quand il existe un accord fortuit ; on ne peut distinguer entre une véritable recherche de la fin et le semblant d'une telle recherche.

Kant reprend ces considérations dans les § 2-3 de la *Critique de la raison pratique*, remplaçant la référence à la finalité par une référence à la notion de bien. Aucune conception du bien ne pourrait constituer la source d'une contrainte proprement pratique

1. *Ibid.* Traduction modifiée.

parce qu'une telle conception ne nous fournirait pas un critère permettant d'établir quand la contrainte est réellement satisfaite. Il ne serait possible de faire valoir une *obligation* d'atteindre une fin que lorsque nous nous sommes engagés à atteindre celle-ci. S'il n'y a pas d'engagement au préalable, la fin ne peut pas – *quelle qu'elle soit*, comme le souligne Kant dans le passage cité – comporter une contrainte.

Ce raisonnement est repris dans le cadre de l'analyse de l'impératif hypothétique. À première vue, l'impératif hypothétique semble constituer le paradigme d'une contrainte qui n'émane pas de nous. Sa contrainte conditionnelle semble s'expliquer par l'existence d'un donné préalable. *Étant donné* qu'on désire une certaine fin, on est contraint d'accomplir tel ou tel acte. Or, la contrainte proprement pratique ne peut pas se fonder sur la fin même mais seulement sur une fin à laquelle on s'est engagé. La fin même comporte, à la limite, une contrainte psychologique (« subjective »), mais non la prise caractéristique de l'obligation.

En effet, la perspective kantienne s'oppose à une tendance répandue consistant à rapprocher le raisonnement instrumental de la proposition conditionnelle. Comme nous l'avons vu, chez Hume, l'impératif hypothétique (si on veut employer cette expression pour désigner sa notion d'un raisonnement instrumental) est conçu comme une proposition conditionnelle dont l'antécédent est vrai. La contrainte de l'impératif (dans la mesure où il lui accorde une contrainte) est pensée en termes de vérité : si on est contraint de recourir à certains moyens, c'est parce qu'une certaine proposition conditionnelle est vraie. Comme le raisonnement du commerçant s'appuie sur de vérités théoriques, la contrainte de l'impératif (si contrainte il y a) paraît une contrepartie de cette vérité. C'est en quelque sorte une contrainte attendant d'être réalisée dans les situations pertinentes, celles où l'antécédent du conditionnel est vrai. Aussi Hume peut-il concevoir les impératifs hypothétiques comme un ensemble de règles autonome : ces impératifs sont le pendant pratique de certaines vérités théoriques.

Il arrive aussi à Kant de recourir aux mathématiques[1]. Mais, en général, il s'engage dans une autre voie car il s'oppose en tout point à une perspective qui conçoit la contrainte des impératifs hypothétiques comme étant fondée sur des vérités théoriques. C'est pourquoi la thèse d'analyticité est ambigüe. Il semble d'abord que le recours à l'analyticité s'explique par la volonté d'assimiler l'impératif hypothétique à une proposition conditionnelle qui déploie (« analytiquement ») les implications d'une vérité. À y regarder de plus près, on s'aperçoit cependant que par son insistance sur le caractère analytique de cet impératif, Kant cherche plutôt à faire le contraire : il veut souligner le caractère *sui generis* de la contrainte de l'impératif hypothétique. Celui-ci puise sa force dans une source qui le dépasse, celle qui est caractéristique de l'engagement.

Aussi retrouve-t-on déjà dans ce contexte la thèse suivant laquelle il n'existerait de contrainte que là où on s'est contraint soi-même. C'est cette thèse qui implique la rupture décrite par Kant dans le passage suscité des *Fondements*. Si toute contrainte tire sa source de notre volonté, une contrainte inconditionnelle, portant sur toute maxime, devra tirer sa source d'un trait qui est intrinsèque aux actes de vouloir. Dans la mesure où elle porte sur toute maxime, elle devra découler non de tel ou tel acte de vouloir mais du vouloir en général.

Certes, la formule « s'imposer la loi à soi-même », que Kant emploie souvent, suggère qu'il y a un acte par lequel on s'impose la loi, comme s'il existait un état, avant cette imposition, où on n'était pas encore soumis à elle. D'où aussi le spectre de l'indétermination : si nous nous imposons la loi à nous-mêmes, pourquoi ne pouvons-nous pas choisir cette loi ? Mais il importe de remarquer que, du moins dans un premier moment, la figure de l'autonomie sert non à qualifier notre rapport à un principe suprême (« la » loi morale), mais à expliquer la nature même de l'obligation. Elle prend son sens dans le cadre d'une perspective pour laquelle la volonté est la source de toute contrainte. À supposer que cette thèse soit vraie, il faudra

1. *Cf.* notamment GMS, Ak IV, 415.

admettre que *s*'il existe une contrainte inconditionnelle, portant sur toute maxime, ce sera une contrainte qu'on doit satisfaire « afin » de vouloir quelque chose, peu importe la particularité de cet acte de vouloir.

Ces formulations comportent évidemment leurs propres difficultés. Elles suggèrent qu'il y a une antichambre du vouloir, un seuil à franchir avant d'accéder au vouloir même (à *notre* vouloir !). Mais elles permettent d'indiquer à quel niveau se situe la loi morale. S'il y a une telle loi, elle ne peut pas être une prescription car les contraintes inconditionnelles se situent en amont de toute prescription particulière. Il faudra que ces contraintes « émanent » du vouloir en tant que tel, c'est-à-dire qu'elles soient une condition pesant sur la simple adoption d'un principe pratique. Voilà une autre manière de présenter la figure de l'autonomie : la loi morale doit être une exigence que nous devons satisfaire *pour pouvoir* adopter une maxime.

CHAPITRE VI

LA FORME DE LA LOI, LA RÉALITÉ OBJECTIVE ET LE SCEPTICISME

Compte tenu de la fonction que Kant accorde à la notion d'impératif, il n'est pas certain que le *mode grammatical* de l'impératif soit propice pour saisir ce type de règle. Le danger est de rapprocher les règles en question d'un certain usage prescriptif du mode impératif, celui qu'on mobilise dans les rappels à l'ordre. Ces rappels présupposent que le sujet envisage une infraction de la règle. Si on les tient pour le paradigme de toute contrainte pratique, on fait donc dépendre l'existence de cette contrainte d'une tentation de l'enfreindre. On admet qu'il n'existe de contrainte pratique que là où il existe une volonté de transgression.

Certaines analyses de Kant abordent la contrainte pratique dans cette optique. A certains endroits, il définit l'impératif en recourant à la distinction entre une volonté sainte et une volonté « pathologiquement affectée ». À s'en tenir à ces explications, on devrait conclure qu'il n'y a de *devoir faire*, de *Sollen*, que là où il existe une tentation d'infraction[1]. On devrait alors admettre un certain écart entre la pratique qui est censée comporter une contrainte et cette contrainte elle-même. Comme si la contrainte était une dimension que, dans certaines circonstances, pouvait par surimposition s'ajouter à la pratique. Comme si l'activité de promettre, par exemple, se laissait dissocier de la contrainte qu'elle comporte. En effet, en recourant au mode grammatical de l'impératif, Kant perd de vue un point auquel il est pourtant sensible, à savoir que promettre, *c'est* s'engager – se contraindre – à tenir la promesse en question. Dans ce sixième chapitre, nous voulons encore mettre en relief ce versant de ses analyses afin de montrer à quel point la loi

1. KpV, Ak V, 32.

morale est, aux yeux de Kant, différente de telle ou telle prescription particulière.

Stanley Cavell met en évidence ce versant de la perspective kantienne lorsqu'il propose une interprétation hétérodoxe de la distinction entre volonté sainte et volonté humaine :

> Kant nous dit qu'un être parfaitement rationnel se conforme en réalité (nécessairement) au "principe suprême de la moralité", mais que nous qui sommes des créatures imparfaitement rationnelles, nous sommes contraints *par* ce principe [*necessitated* by *it*], si bien que pour nous c'est (cela semble toujours) un impératif. Mais si je comprends bien la différence perçue ici par Kant, elle se situe *dans le cadre* de la conduite d'animaux rationnels. Tant que Kant parle de (la logique de) l'action, son Impératif Catégorique peut se formuler comme un Déclaratif Catégoriel (règle-description), autrement dit la description de ce que c'*est* qu'agir moralement : quand nous agissons (vous agissez) moralement, nous agissons d'une manière que nous considèrerions comme justifiée de façon universelle, justifiée quelle que soit la personne qui ait accompli l'action [1].

Cavell recourt à l'idée d'une volonté sainte afin de mettre en évidence tout ce qui *sépare* la loi morale du registre des prescriptions. Il n'est pas certain, comme nous le verrons, que la notion de volonté sainte ait effectivement la fonction que lui attribue Cavell, mais celui-ci a sans doute raison d'insister sur l'idée que l'impératif catégorique est, dans un premier moment tout au moins, un « déclaratif catégoriel ». En effet, comme la loi morale ne se situe pas dans le registre des prescriptions, elle n'est pas, *ipso facto*, *une* prescription. Kant lui-même l'indique par sa terminologie : s'il parle de *la* loi, c'est parce que la loi en question, la loi morale, n'est pas simplement *une* loi parmi plusieurs.

Force est de constater que, dans la perspective qui est celle de Kant, s'il existe une loi morale, elle sera la simple forme des principes pratiques subjectifs, c'est-à-dire la simple forme des

1. S. Cavell, « Devons-nous vouloir dire ce que nous disons ? », dans *Dire et vouloir dire*, trad. fr. C. Fournier et S. Laugier, Paris, Les éditions du Cerf, 2009, p. 103. Traduction modifiée.

maximes. Elle sera un trait que toutes les maximes ont en commun simplement en tant que maximes. On a vu comment Kant arrive à cette thèse. Étant donné que toute contrainte doit émaner de la volonté, il faudra qu'une contrainte inconditionnelle, portant sur toute maxime, soit immanente à tout acte de vouloir. Aussi, pour Kant, l'effort pour dégager la loi pratique coïncide avec l'effort pour délimiter ce qui est propre à l'engagement en tant que tel.

C'est pourquoi la « découverte de l'autonomie », telle qu'elle est présentée aux § 2-3, est aussi pour Kant la découverte de la véritable loi morale. Jusqu'à présent, nous avons séparé les deux questions, en distinguant entre, d'un côté, les sources de la contrainte pratique en général, et, de l'autre, la recherche de la loi morale. Nous avons d'abord montré que la rupture par rapport à la tradition concerne la contrainte pratique en général ; puis, dans un second moment, nous avons montré en quoi cette découverte change la quête d'une loi morale.

Si Kant, après avoir exposé sa perspective, assimile « la découverte de l'autonomie » à la découverte de la véritable loi morale, c'est parce qu'une fois que toute la portée de la découverte de l'autonomie a été dégagée, on constate qu'un principe inconditionnel devra exprimer la contrainte qui caractérise tout acte de vouloir – tout principe pratique (subjectif) – en tant que tel. Aussi la tâche de cerner la loi morale se confond-elle, pour Kant, avec la tâche de cerner ce qui est propre au vouloir comme tel. L'enjeu est de délimiter la spécificité de cette contrainte et, partant, de la distinguer notamment de la contrainte que comportent les lois de la nature. Nous l'avons vu, son argumentation procède sur l'arrière-fond d'une crainte que Hume n'ait raison et que la contrainte de nos engagements soit en dernière analyse « artificielle », c'est-à-dire qu'elle s'explique entièrement par son utilité sociale [1].

Afin de dégager la réalité qui est propre à cette contrainte, Kant se concentre sur la manière dont elle dépend du point de vue en première personne. D'où la place centrale qu'occupent les analyses de la volonté. La particularité de la contrainte d'un engagement tient

1. D. Hume, *Traité de la nature humaine, Livre III*, *op. cit.*, p. 131.

à ceci que le sujet se conçoit *comme* soumis à une règle et, partant, agit « selon la représentation » de cette règle. Si Kant insiste autant sur la réflexivité de la volonté, s'il tâche de délimiter la spécificité de celle-ci en l'opposent à une concordance « externe » entre l'agir et la règle, c'est parce qu'il craint qu'on ne rabatte le vouloir sur une telle concordance. Ses analyses se nourrissent du spectre qu'il n'existe pas en fin de compte de lien interne entre notre agir et les règles auxquelles nous obéissons, qu'il y ait seulement une corrélation contingente. C'est la possibilité à laquelle Hume donne voix : la possibilité qu'il n'existe pas le type de soumission à des règles qui est nécessaire pour un véritable engagement et, partant, qu'il n'existe pas d'engagement digne de ce nom. Dans la perspective du philosophe britannique, on ne peut pas, en dernière analyse, distinguer entre un agir où on *s'en tient* à une règle et un agir qui est considéré à l'aune d'une règle.

Hume admet, bien sûr, une certaine distinction entre des actions qui sont contraintes par une norme et des actions qui ne le sont pas. D'où par exemple la distinction entre la promesse que fait à un médecin un homme blessé, d'un côté, et la promesse que fait à son agresseur la victime d'un vol, de l'autre. Mais la distinction est opérée d'un point de vue qui est entièrement extérieur à l'action. Si, oui ou non, une promesse apparente est réellement une promesse se décide par rapport à des sentiments que ces actions éveillent en nous. Dans cette perspective, le rapport entre l'agir et la norme est dépourvu d'une certaine nécessité ; il existe seulement une régularité empirique, le *fait* que certaines actions éveillent certains sentiments en nous et, partant, sont considérées comme étant sous le coup d'une obligation. C'est du moins ce que soulignera Kant. Dans la perspective de Hume, on ne peut pas formuler les choses de cette façon. Car, pour lui, il s'agit précisément de remettre en question l'idée d'une telle nécessité. Hume tâche de montrer que l'idée d'un tel lien nécessaire, entre l'agir et les normes par lesquelles cet agir est – ou, plutôt, *semble* – contraint, est dépourvu de sens ; ce qui semble constituer un lien interne entre l'agir et la norme ne serait en dernière analyse qu'une certaine corrélation tout à fait conventionnelle.

D'où aussi, nous l'avons vu, les deux versants de son argumentation. D'une part, Hume met en relief ce qu'il appelle le caractère artificiel de la promesse. Il s'attèle à montrer que ce qu'on reconnaît d'habitude comme étant la contrainte d'une promesse *n'est rien d'autre* qu'une certaine façon de juger des actions qui, prises isolément, sont dépourvues de toute contrainte. Or, après s'être opposé à l'idée répandue selon laquelle la promesse constitue une contrainte *sui generis*, Hume déclare qu'un recours à la convention permet d'expliquer *aussi* ce que nous croyons identifier lorsque nous accordons à la promesse une telle contrainte. Après avoir remis en question l'existence d'un lien nécessaire entre des actes et les normes auxquelles ces actes peuvent être soumis, il maintient que la convention *est* ce que nous tenons d'habitude pour un lien nécessaire.

Le célèbre *réveil du sommeil dogmatique* décrit au début des *Prolégomènes* renvoie à cette possibilité qu'envisage Hume, à savoir que tout rapport à une norme ne soit dépourvu de ladite nécessité. Dans le cadre de la philosophie théorique, la possibilité consiste en ceci que le donné sensible ne soit pas réellement structuré par les règles, c'est-à-dire par les concepts, qui semblent le structurer, que l'expérience ne soit pas « elle-même » contrainte par certaines normes. Le dilemme se cristallise dans le cadre de l'analyse du concept de causalité. Kant affirme qu'il a été éveillé d'un sommeil dogmatique par la difficulté suivante :

> il est impossible de concevoir comment, du fait que quelque chose est, de manière nécessaire quelque chose d'autre doive aussi être, et par conséquent comment peut être introduit *a priori* le concept d'une telle connexion.
>
> [Hume] en tira la conclusion que la raison se faisait complètement illusion sur ce concept : c'est qu'elle le prenait pour son propre fils, alors que ce n'est qu'un bâtard de l'imagination ; celle-ci, fécondée par l'expérience, a mis certaines représentations sous la loi de l'association, et a fait passer la nécessité subjective qui en est issue,

> c'est-à-dire l'habitude, pour une nécessité objective résultant d'une connaissance. Il conclut de là que la raison n'avait aucun pouvoir de penser de telles connexions, fût-ce seulement dans leur généralité, car alors ses concepts seraient des simples fictions, et que toutes les connaissances qu'elle prétend détenir *a priori* ne seraient que des expériences communes faussement estampillées [...] [1].

Pour identifier les enjeux que soulève la perspective humienne, Kant recourt à la notion d'*a priori*. La question n'est pas simplement de savoir si, oui ou non, le concept de causalité est « réel » ou « valable » : les analyses humiennes portent sur l'étalon même auquel on recourt pour trancher cette question. Kant le fait remarquer quelques lignes après le passage cité. La question ne serait pas « de savoir si le concept de cause était exact, utile et indispensable à toute la connaissance de la nature, car tout cela, Hume ne l'avait jamais mis en doute » [2].

Par le recours à l'*a priori* Kant tâche de soulever la question qui est si difficile à poser dans le cadre de la perspective humienne, celle de savoir en quel sens l'expérience peut être contrainte par des normes telles que la causalité. Se demander si une norme est *a priori*, c'est avant tout se demander si elle est réellement une norme, et non, comme on peut le craindre, une « expérience commune faussement estampillée », c'est-à-dire, une simple régularité empirique.

Voilà une formulation possible de la tâche de la déduction transcendantale. Il s'agit de montrer que certains concepts, tels que la causalité, contraignent l'expérience « en tant que telle », qu'ils ne sont pas des éléments surimposés mais des éléments à même l'expérience. L'idée d'une telle déduction dépend d'un certain spectre, lequel est présenté de façon saisissante à la fin de la déduction de la deuxième édition :

> Le concept de cause, par exemple, qui exprime la nécessité d'une conséquence sous une condition présupposée, serait faux, s'il ne reposait que sur une nécessité subjective, arbitraire et innée, de

1. P, Ak IV, 257-258.
2. P, Ak IV, 258.

> lier certaines représentations empiriques suivant une telle règle de relation. Je ne pourrais pas dire : l'effet est lié à la cause dans l'objet (c'est-à-dire nécessairement), mais : je suis seulement ainsi constitué que je ne puis penser cette relation autrement que liée ainsi ; or, c'est cela justement que le sceptique souhaite le plus ; alors en effet tout ce que nous saisissons, avec la valeur objective que nous imaginons dans nos jugements, n'est que pure apparence, et il ne manquerait pas de gens d'ailleurs qui ne concéderaient pas, pour leur part, cette nécessité subjective [...] [1].

Le spectre évoqué ici est celui d'une expérience qui n'est pas « elle-même » soumise au concept de causalité et qui n'est donc pas réellement contrainte par la norme à laquelle renvoie ce concept. Kant craint que nous soyons « seulement ainsi constitué[s] que [nous] ne [puissions] penser cette relation autrement que liée ainsi ». C'est pour écarter ce spectre que Kant, dans la déduction transcendantale, s'interroge sur le droit ou la légitimité d'un tel concept (son *Rechtsanspruch*), ce qu'il appelle aussi sa validité (*Gültigkeit*) ou sa réalité objective (*objektive Realität*) [2].

Comme nous l'avons montré, ce spectre a un pendant dans la philosophie pratique : la possibilité qu'il n'y ait pas de véritable soumission à des normes mais seulement une conformité conventionnelle. Par son concept de volonté, Kant cherche à dégager le registre dans lequel il est possible de parler d'un véritable accord et donc d'une contrainte qui est digne de ce nom. En effet, le problème auquel la déduction transcendantale est censée apporter une solution est déjà soulevé, dans la philosophie pratique, au niveau de l'analyse du concept de volonté. La question de la légitimation, du *Rechtsanspruch*, de certains principes – et nous avons essayé de montrer qu'au fond il s'agit du *Rechtsanspruch* d'un principe pratique *quelconque* – est déjà posée au niveau de l'effort pour dégager les notions de volonté et d'impératif. On s'attendrait donc à qu'il n'y ait pas, dans la philosophie pratique, la distinction entre exposition et déduction qui est opérée dans la philosophie théorique.

1. KrV, B168.
2. KrV, B116-117/A84-85.

Non parce qu'aucune déduction ne peut être fournie, mais parce que la tâche d'une déduction est déjà accomplie par la simple exposition des principes en question.

On reviendra sur ce point dans le prochain chapitre. Dans celui-ci, nous nous intéressons à la forme tout à fait particulière que prend l'exposition des principes de la raison pratique et, plus précisément, à la place qu'y occupe l'exposition des principes inconditionnels. Il s'avère que ces principes ne sont pas des principes dans le même sens que le sont les principes conditionnels car ils saisissent les traits caractérisant tout principe pratique en tant que tel. D'où leur place privilégiée dans l'exposition : cerner la spécificité des principes pratiques – cerner leur caractère proprement *pratique* –, c'est dégager les principes inconditionnels.

Or, le point de vue caractéristique d'un acte de vouloir, consistant à se concevoir *comme* soumis à une règle, n'est rien d'autre, aux yeux de Kant, que le point de vue de l'universalité. En effet, on a déjà rencontré, au § 4 de la deuxième *Critique*, l'un des passages où Kant fait une transition vertigineuse de la forme de la maxime à l'exigence d'universalité exprimée par l'impératif catégorique[1]. Comme si la transition était évidente, Kant passe subitement de la thèse selon laquelle la loi morale serait la forme des principes pratiques à la thèse selon laquelle cette forme serait « la forme d'une législation universelle ».

On trouve des passages semblables dans la section de la première partie des *Fondements* que nous avons analysée en détail.

> Mais quelle peut donc bien être cette loi dont la représentation, sans même avoir égard à l'effet qu'on en attend, doit déterminer la volonté pour que celle-ci puisse être appelée bonne absolument et sans restriction? Puisque j'ai dépossédé la volonté de toutes les impulsions qui pourraient être suscitées en elle par l'idée des résultats dus à l'observance de quelque loi, il ne reste plus que la légalité universelle des actions en général, qui doit seule lui servir de principe; en d'autres termes, je dois toujours me conduire de

1. KpV, Ak V, 27.

> telle sorte *que je puisse aussi vouloir que ma maxime devienne une loi universelle*. Ici donc c'est la simple légalité en général (sans prendre pour base quelque loi déterminée pour certaines actions) qui sert de principe à la volonté, et qui doit même lui servir de principe, si le devoir n'est pas une illusion vive et un concept chimérique[1].

Une fois admise l'idée selon laquelle la loi morale est la forme des principes pratiques, Kant procède subitement à déclarer que cette volonté « dépossédée » de toute impulsion se confond avec la légalité universelle. Abstraction faite de la matière du vouloir, le principe du vouloir ne serait « que la légalité universelle des actions en général » (*allgemeine Gesetzmäßigkeit der Handlungen überhaupt*).

La transition est subite, tant et si bien qu'on doit se demander s'il s'agit réellement d'une transition. Force est de constater que Kant procède comme si la forme des principes pratiques se confondait avec la légalité universelle des actions en général, comme s'il y avait là une identité qui ne mérite pas d'explication.

Une analyse de la notion centrale de légalité (*Gesetzmäßigkeit*) permet de jeter des lumières sur cette difficulté. La *Gesetzmäßigkeit* n'est pas tant l'accord que la *commensurabilité* avec la loi : ce qui est *dem Gesetze gemäß*, c'est, dans un premier moment, ce qui est commensurable à la loi. Il s'agit donc avant tout pour Kant d'affirmer que le vouloir en général, indépendamment de la fin particulière sur laquelle il porte dans une situation concrète, est un agir qui est commensurable – dans un sens bien précis, comme nous l'avons montré – avec une règle. « Commensurable » plutôt que « en accord avec » parce qu'il ne s'agit pas d'une obéissance par opposition à une désobéissance, mais du rapport de conformité rendant possible *et* l'accord *et* le désaccord. Le vouloir constitue le registre où il existe une véritable conformité avec une règle. En introduisant l'idée de la « légalité universelle » ou de la « forme

1. GMS, Ak IV, 402.

d'une législation universelle », Kant cherche d'abord à préciser la spécificité de ce registre [1].

Le point décisif pour Kant consiste en ceci que, en adoptant une maxime, on se conçoit comme soumis à une règle et, de ce fait même, on ne confronte plus la situation en question comme une situation unique. Si spécifique soit-elle, la situation n'est plus seulement un *hic et nunc*, mais une situation d'un certain *type*, ne fût-ce qu'un type très particulier. L'engagement de repayer un prêt ne peut pas, par exemple, être conçu comme une intention concernant seulement une certaine situation particulière. Car si vraiment on s'est engagé à repayer un certain prêt, on se conçoit comme soumis à une règle et, donc, comme obligé de repayer dans un certain type de situation, à savoir celui où l'engagement est pertinent. Le type de situation peut être très spécifique (on n'est contraint de repayer que sous telle ou telle condition…), mais il est tout de même un *type*. Si spécifique soit-elle (« ceci »), la situation est commensurable avec d'autres situations (« ceci-*tel* ») [2]. C'est un biais par lequel on peut cerner la distinction entre volonté et passion : en s'engageant à repayer un prêt, on ne se situe plus dans le registre de la passion parce qu'on ne veut pas simplement repayer dans *cette situation-ci*; on se situe dans un registre où on se conçoit comme soumis à une règle et donc comme contraint de repayer dans ce *genre* de situation.

Reste évidemment à savoir qu'est-ce qui détermine quelles situations particulières comptent comme appartenant à un certain type de situation. Quel est l'étalon permettant d'établir quelles

1. Voir sur ce point, C. Korsgaard, « Morality as Freedom », in *Creating the Kingdom of Ends*, Cambridge, Cambridge University Press, 2008, p. 160-167.

2. Cette terminologie est empruntée à Wilfrid Sellars, qui l'emploie dans ses analyses portant sur la différence entre concept et intuition. « L'individuel représenté dans la perception n'est jamais représenté comme un pur *ceci* [*this*], mais toujours, pour utiliser le schéma classique, un *ceci-tel* [*this-such*] ». (W. Sellard, *Science and Metaphysics : Variations on Kantian Themes*, Londres, Routledge & Kegan Paul, 1982, p. 7). Ce serait au niveau même du ceci, et non en surimposition par rapport à lui, que l'individuel représenté dans une perception serait qualifié. Aussi la perception ne serait-elle pas un élément extra-conceptuel mais une certaine déclinaison du conceptuel.

particularités d'une situation doivent être prises en compte lorsqu'on s'interroge si telle ou telle situation fait partie ou non de tel ou tel type de situation ? Qu'est-ce qui détermine, dans la perspective de Kant, si un engagement est pertinent dans telle ou telle situation particulière ? C'est là la question du « *quid facti ?* » que posent les jurisconsultes avant de passer à la question (décisive) du « *quid juris ?* ». Elle consiste à mettre à plat les faits, avant d'établir comment s'y rapportent les lois [1].

Nous retrouvons ici la question dont Kant, comme nous l'avons montré à la fin du chapitre IV, veut faire abstraction. Kant admet, bien sûr, qu'un sujet doit être capable de faire la transition entre le général et le particulier s'il veut apprécier correctement une situation. Mais, précisément, l'effort pour identifier une situation est, chez Kant, distinct de l'évaluation de la situation. De ce fait, l'enjeu d'identification paraît secondaire parce que finalement externe à la question de savoir ce qu'on doit faire. Ce qui intéresse Kant, pourrait-on dire, c'est la question de savoir ce qu'on doit faire dans une certaine situation *étant donné* qu'on l'a correctement identifié. En effet, la question qu'intéresse Kant est censée se laisser résoudre tout en faisant abstraction de la particularité du réel.

Cela permet d'expliquer la place qu'accorde Kant à la capacité commune permettant de reconnaître spontanément, dans une situation quelconque, ce qu'on doit faire. Après avoir dégagé la formule de l'impératif catégorique à l'endroit que nous venons de citer, Kant déclare que, par son analyse,

> nous sommes arrivés à ce qui est le principe de la connaissance morale de la raison humaine [*gemeine Menschenvernunft*], principe qu'à coup sûr elle ne conçoit pas ainsi séparé dans une forme universelle, mais qu'elle n'en a pas moins toujours réellement devant les yeux et qu'elle emploie comme règle de son jugement. Il

1. Sur l'usage de cette terminologie juridique, voir D. Henrich, « Kant's Notion of a Deduction and the Methodological Background of the First *Critique* », *in* E. Förster (ed.), *Kant's Transcendenal Deductions : The Three Critiques and the Opus Postumum*, Stanford, Stanford University Press, 1989.

> serait aisé de montrer comment, ce compas à la main, elle a dans tous les cas qui surviennent la pleine compétence qu'il faut pour distinguer ce qui est bien, ce qui est mal, ce qui est conforme ou contraire au devoir, pourvu que, sans lui rien apprendre le moins du monde de nouveau, on la rende attentive, comme le faisait Socrate, à son propre principe, de montrer par suite qu'il n'est besoin ni de science ni de philosophie pour savoir ce qu'on a à faire, pour être honnête et bon, et même sage et vertueux. L'on pouvait même bien supposer déjà d'avance que la connaissance de ce qu'il appartient à tout homme de faire, et par conséquent encore de savoir, doit être aussi le fait de tout homme, même du plus commun [1].

Il existerait donc une certaine connaissance morale ordinaire qui est mobilisée de façon implicite dans la vie quotidienne. Mais, remarquons-le, cette connaissance n'entretient aucun rapport interne avec les situations concrètes. Quoiqu'elle se manifeste comme une capacité « pratique », consistant à décider concrètement au jour le jour ce qu'on doit faire, elle se laisse saisir en faisant abstraction des situations particulières. C'est précisément ce que fait Kant en dégageant la formule de l'impératif catégorique. À cet égard, le choix de la métaphore du compas est très significatif. Car le compas est le paradigme d'un instrument fournissant un étalon qui est indépendant des situations concrètes : les repères qu'il fournit permettent de prendre du recul par rapport à telle ou telle situation et de distinguer entre un positionnement seulement relatif ou circonstanciel et un positionnement absolu [2].

Dans la deuxième *Critique*, Kant s'occupe de façon explicite de la question de savoir comment ce compas, l'impératif catégorique, peut être appliqué à des situations concrètes : c'est l'objet de la section sur la Typique. Or le problème traité à cet endroit concerne le rapport entre l'impératif catégorique et les maximes : il s'agit de

1. GMS, Ak IV, 403-404.

2. Sur ce déni d'un rapport interne entre la connaissance morale et les situations particulières à laquelle on l'applique, *cf.* la critique du « paradigme déductif », dans J. McDowell, « Virtue and Reason », in *Mind, Value, and Reality*, *op. cit.*, p. 57-69. Voir aussi G.E.M. Anscombe, *Intention*, trad. fr. M. Maurice et C. Michon, Paris, Gallimard, 2002, § 33-42.

savoir comment la faculté de juger est capable de subordonner les maximes à l'impératif catégorique afin de déterminer si, oui ou non, elles satisfont cette norme. Mais le problème que nous avons dégagé se situe en amont de celui-là. Avant de décider si une maxime satisfait ou non l'impératif catégorique, il se pose la question de savoir comment on décide quelle est la maxime permettant de décrire la situation.

En effet, quand Kant invoque la connaissance morale ordinaire, c'est pour soulever un problème qui se situe en aval par rapport à celui qui nous intéresse. Ainsi, il remarque par exemple au § 8 :

> Les frontières entre ce qui est effectivement moral et l'amour-propre sont tracées avec une telle netteté et une telle précision qu'il est vraiment impossible que même l'œil le moins averti puisse ne pas voir si quelque chose appartient à l'un ou à l'autre [1].

Si « l'œil le moins averti » peut distinguer la moral de l'amour-propre, c'est parce que la frontière entre les deux principes correspondants est nette. Le mérite est du côté non de la sagesse pratique mais des principes. En effet, il n'y a pas de place chez Kant pour une sagesse pratique autonome puisque tout le travail que celle-ci peut accomplir se laisse saisir par des principes qui font abstraction de la particularité des situations.

1. KpV, Ak IV, 36. Traduction modifiée.

CHAPITRE VII

LE PROBLÈME DE LA JUSTIFICATION DE LA LOI

Dans un article qui a fait date, Dieter Henrich soutient que Kant aurait fini par admettre qu'il est impossible de donner une justification de la loi morale.

> [La doctrine du *Faktum* de la raison], considérée par ses successeurs comme contradictoire et inaboutie, tire son origine de la reconnaissance du fait que toute tentative de déduire notre capacité éthique doit échouer. [...] Après de longues années dans lesquelles l'éthique kantienne espéra trouver la pierre philosophale dans le principe d'une éthique déductive, elle se rapprocha à nouveau de la position dont elle était partie. C'est la position de Hutcheson – un scepticisme quant à la légitimation [*Grundlegung*] théorique de l'éthique – qui renaît à un niveau supérieur. Certes, le *Faktum* de la raison ne peut pas être appelé un *sensus moralis*. Mais il implique cependant un rapport entre la théorie et le savoir éthique qui est fort semblable à celui que défendait le Kant rousseauiste de 1765 [1].

À en croire Henrich, la doctrine du *Faktum*, qu'on trouve dans la *Critique de la raison pratique*, serait le corollaire d'un échec. Non d'un échec circonstanciel, mais d'un échec nécessaire. Après des nombreuses tentatives de justifier la loi morale de façon déductive, Kant aurait fini par se rendre compte qu'une impossibilité de principe faisait échouer ses efforts. Ayant reconnu que les pierres d'achoppement rencontrées étaient insurmontables, il se serait contenté – il *dut* se contenter – d'un pis-aller, du constat que la loi morale nous est donnée dans la conscience ordinaire mais ne se

1. D. Henrich, « Der Begriff der sittlichen Einsicht und Kants Lehre vom Faktum der Vernunft », *in* D. Henrich, W. Schulz, K.-H. Volkmann-Schluck (eds.), *Die Gegenwart der Griechen im neueren Denken. Festschrift für Hans-Georg Gadamer zum 60. Geburtstag*, Tübingen, Mohr, 1960, p. 110-111.

laisse pas pour autant justifier[1]. Aussi, selon Henrich, la doctrine du *Faktum* serait, du moins en partie, un retour à la position que Kant défendait en 1765, lorsqu'il considérait comme Shaftesbury, Hutcheson et Hume que les principes de la morale se fondent sur une étude historique et philosophique de l'homme[2]. La doctrine du *Faktum* constituerait un retour à cette position précritique du moins en ceci que Kant aurait abandonné la prétention de fournir une justification *a priori* des principes de la morale. Il aurait accepté leur facticité et cessé de vouloir « trouver dans le principe d'une éthique déductive la pierre philosophale [de la philosophie pratique] ».

Dans le passage cité ainsi que dans d'autres, Henrich utilise « déduction » (et « déductif ») dans un sens large et non dans le sens technique que Kant donne à ce terme dans le cadre de sa philosophie critique. Dans ses analyses des différents efforts qu'entreprit Kant pour justifier la loi morale, Henrich assimile l'idée d'une déduction à l'idée d'une justification théorique en général et ne s'interroge à aucun endroit sur la spécificité de ce que Kant finit par entendre sous le terme « déduction » au moment où il nia la possibilité de pouvoir en fournir une pour les principes de la raison pure pratique[3]. C'est

1. Cette lecture de la doctrine du *Faktum* est sans doute prédominante dans la littérature contemporaine. Il est généralement admis que cette doctrine tire son origine d'un abandon de toute tentative de légitimer la loi morale. Voir notamment, K. Ameriks, « Kant's Deduction of Freedom and Morality », *Journal of the History of Philosophy* 1, vol. 19, 1981 ; K. Ameriks, *Kant and the Fate of Autonomy : Problems in the Appropriation of Critical Philosophy*, Cambridge, Cambridge University Press, 2000, p. 189-233 ; H. Allison, *Kant's Theory of Freedom*, Cambridge, Cambridge University Press, 1990, p. 214-249 ; J. Rawls, *Lectures on the History of Moral Philosophy*, *op. cit.*, p. 253-272 ; J. Timmermann, « Reversal or Retreat? Kant's Deductions of Freedom and Morality », *in* A. Reath, J. Timmermann (eds.), *Kant's Critique of Practical Reason : A Critical Guide*, Cambridge, Cambridge University Press, 2010.

2. VA, Ak II, 311-12.

3. Henrich regroupe en trois catégories les efforts entrepris par Kant pour démontrer la légitimité des principes de la morale (« Der Begriff der sittlichen Einsicht und Kants Lehre vom Faktum der Vernunft », *op. cit.*, p. 100-110), mais à aucun moment il ne s'interroge sur la fonction d'une déduction elle-même (et donc sur la problématique de la légitimité) telle qu'elle est développée dans le cadre du projet critique. En effet, Henrich assimile en général la déduction à une tentative

cette équivocité qui lui permet de déclarer, de façon catégorique, que Kant aurait considéré comme vain tout effort pour justifier la morale. Dans la deuxième *Critique*, Kant admet effectivement qu'aucune déduction transcendantale de la loi morale n'est possible : « aucune déduction, aucun effort de la raison théorique, spéculative ou même de la raison empiriquement étayée, ne peuvent prouver la réalité objective de la loi morale [...] »[1]. Comme chez Henrich l'impossibilité de fournir une déduction se confond avec l'impossibilité de fournir une justification quelconque, l'affirmation précédente semble une preuve irréfutable que, d'après la deuxième *Critique*, aucune justification de la loi morale n'est possible.

Il n'est toutefois pas certain que Kant cherche, par de telles affirmations, à proclamer l'impossibilité d'une preuve *quelconque* de la loi morale. Même lorsqu'il affirme qu'aucun effort de la raison théorique ne peut montrer la légitimité de la loi morale, on doit tenir compte du sens que Kant donne au terme « théorique », notamment dans les contextes en question, où il s'agit de cerner, souvent par opposition, la spécificité d'une critique de la raison pratique. L'adjectif « théorique » renvoie à un *certain* usage de notre raison, et non à la capacité de raisonner en général. Que la raison théorique ne puisse pas fournir une preuve de la légitimité de la loi morale ne signifie donc pas qu'aucune preuve raisonnée ne puisse être donnée. En écartant la possibilité d'une déduction transcendantale ou d'une preuve de la raison théorique, Kant écarte un certain type de preuve et non toute démonstration argumentée.

Qui plus est, l'insistance de Henrich, et de ceux qui le suivent dans son interprétation, sur l'impossibilité de toute preuve, n'est pas elle-même dépourvue d'ambiguïté. En effet, il n'est pas clair

consistant à « déduire la morale de la raison théorique » (*ibid.*, p. 100). Sur ce point, *cf.* un autre article de Henrich : « Die Deduktion des Sittengesetzes. Über die Gründe der Dunkelheit des letzten Abschnittes von Kants "Grundlegung zur Metaphysik der Sitten" », *in* A. Schwan (ed.), *Denken im Schatten des Nihilismus*, Darmstadt, Wissenschaftliche Buchgesellschaft, 1975.

1. KpV, Ak V, 47. Il est pourtant significatif, nous le verrons, que Kant finit la phrase en remarquant : « ... et cependant [la loi morale] se soutient par elle-même [*steht für sich selbst fest*] ».

si, à leurs yeux, dans la perspective kantienne, une justification de la loi morale est *tout à fait* impossible. Examinée de plus près, l'impossibilité sur laquelle ils insistent autant s'avère une impossibilité circonstancielle. Prenons par exemple les formulations suivantes :

> Dans la perspective qui est celle de la *Critique de la raison pratique*, on doit fonder la philosophie morale sur le *Faktum* que constitue notre conscience d'une loi dont les prétentions sont, pour la volonté, inconditionnelles et irréfutables. Ce *Faktum* peut seulement être défendu en l'interprétant et en le situant par rapport à toutes les capacités de la raison. Kant affirme en toutes lettres qu'il n'existe aucune possibilité de se situer en-deçà du *Faktum* et d'établir la légitimité de la loi sur la base d'un ensemble de prémisses qui n'admet pas encore cette légitimité. Certes, on peut élucider les conditions rendant possible la légitimité de la loi. Mais on ne peut démontrer sa légitimité ni saisir son origine qui, elle, est inaccessible à toute connaissance rationnelle[1].

Kant admettrait que nous avons conscience d'une loi que nous ne sommes pas capables de justifier. Ce serait par ailleurs *impossible*, d'après Henrich, de la justifier. En effet, la formulation impersonnelle (« il n'existe aucune possibilité [...] ») qu'il emploie est censée renvoyer à une impossibilité « de principe » et non seulement à une limitation de nos capacités humaines. Voilà en tout cas les formules que Henrich emploie dans un premier moment. La dernière phrase du passage cité introduit, comme nous le verrons, une autre perspective.

Il convient de rappeler que la volonté de justifier la loi s'explique par une certaine demande. Si on cherche à justifier la loi, c'est parce que celle-ci appelle à être justifiée. Henrich lui-même le souligne : la loi morale comporte des prétentions (*Ansprüche*). Or, une prétention, qu'elle soit « inconditionnelle et irréfutable » ou non, comporte une demande de justification : la prétention est le terrain

1. D. Henrich, « Die Deduktion des Sittengesetzes. Über die Gründe der Dunkelheit des letzten Abschnittes von Kants "Grundlegung zur Metaphysik der Sitten" », *op. cit.*, p. 62.

où la question de la légitimité devient pertinente. Une certaine prétention peut être justifiée ou non : encore est-il que par le simple acte de prétendre quelque chose, on rend pertinente la question de savoir si elle l'est. Il faudra bien sûr délimiter de plus près ce lien entre prétention et justification : on devra préciser en quel sens la loi « appelle » une légitimation. Or, comme nous l'avons déjà indiqué, et comme nous le verrons encore en détail, c'est là précisément l'objet de toute la réflexion kantienne sur la nécessité de la loi.

La question de la justification entretient donc un rapport interne avec la forme de la loi morale et n'est pas simplement le produit d'un esprit contestataire : c'est une question qui tire sa source de la nature même de la loi. Aussi, lorsqu'il s'avère qu'une justification est impossible, on fait inévitablement face à une désillusion. On doit se passer de quelque chose qui fait partie intégrante de la loi.

Si Henrich souligne l'impossibilité de fournir une justification, c'est parce qu'il est sensible à la demande de justification. Il insiste sur l'impossibilité de justifier la loi dans l'exacte mesure où cette justification est désirable. D'où aussi le ton sobre du passage cité, et de l'article en général. La doctrine du *Faktum* résulterait d'une réconciliation avec des réalités désagréables : en élaborant la doctrine du *Faktum*, Kant aurait su renoncer à la recherche d'une justification et se serait contenté de la facticité de la loi.

Or, si sacrifice il y a, c'est parce qu'on renonce à quelque chose dont on pouvait envisager la réalité. Si une justification n'était pas concevable, il n'y aurait pas à quoi renoncer. Certes, le renoncement supposé qu'implique la doctrine du *Faktum* s'explique en principe par l'inexistence même de toute justification. Henrich s'attache à montrer qu'on doit y renoncer parce que ce qu'on recherche n'existe pas. Mais pour que la justification de la loi « n'existe pas », il faut qu'elle soit concevable. Et si elle est concevable, elle est aussi, à un certain niveau, comme nous allons le voir, possible.

Toute la portée du dilemme devient palpable si on tient en compte que cette impossibilité est censée faire l'objet d'une *découverte*. Si on peut découvrir cette impossibilité, c'est parce qu'elle est dotée d'une certaine contingence. Il ne s'agit évidemment pas pour Henrich d'admettre des degrés d'impossibilité : il veut avancer la thèse que, pour Kant, une justification est tout simplement impossible. Mais, à y regarder de près, on s'aperçoit que cette impossibilité se situe tout de même dans le registre de la facticité.

En effet, on retrouve dans ce contexte une conception de la nécessité semblable à celle qu'admet Descartes lorsqu'il écrit :

> Et encore que Dieu ait voulu que quelques vérités fussent nécessaires, ce n'est pas à dire qu'il les ait nécessairement voulues ; car c'est toute autre chose de vouloir qu'elles fussent nécessaires, et de le vouloir nécessairement, ou d'être conditionné à le vouloir. J'avoue bien qu'il y a des contradictions qui sont si évidentes, que nous ne les pouvons représenter à notre esprit, sans que nous les jugions entièrement impossibles [...]. Mais nous ne nous les devons point représenter, pour connaître l'immensité de sa puissance, ni concevoir aucune préférence ou priorité entre son entendement et sa volonté ; car l'idée que nous avons de Dieu nous apprend qu'il n'y a en lui qu'une seule action, toute simple et toute pure ; ce que ces mots de saint Augustin expriment fort bien : *quia vides ea, sunt etc.*, pour ce qu'en Dieu *videre* et *velle* ne sont qu'une même chose [1].

Dans ce passage d'une lettre à Mersenne, Descartes s'oppose à la doctrine suarézienne selon laquelle les vérités dites éternelles seraient connues de Dieu parce qu'elles sont vraies [2]. Descartes maintient que ces vérités sont bel et bien nécessaires, mais seulement parce que Dieu l'a voulu, c'est-à-dire parce que Dieu les a établies.

Il opère ainsi une distinction entre, d'un côté, la question de savoir si une vérité est nécessaire et, de l'autre, la question de savoir si cette nécessité est elle-même nécessaire. Les vérités dites éternelles seraient nécessaires mais elles ne le seraient pas « nécessairement » (« c'est toute autre chose de vouloir qu'elles

1. R. Descartes, *Œuvres de Descartes*, vol. IV, Paris, Vrin, 1996, p. 118-119.

2. Dans ses *Disputes métaphysiques*, Suarez conclut que les vérités éternelles « possèdent une vérité éternelle, non seulement en tant qu'[elles] sont dans l'intellect divin, mais également en tant qu'[elles] sont considéré[e]s en [elles]-mêmes et abstraction faite de ce dernier ». *La distinction de l'étant fini et de son être. Dispute métaphysique XXXI*, trad. fr. J.-P. Coujou, Paris, Vrin, 1999, p. 225-226.

fussent nécessaires, et de le vouloir *nécessairement* »). Qu'elles soient nécessaires n'implique pas qu'elles soient « nécessairement » nécessaires, leur nécessité pouvant elle-même être le fruit d'un acte créateur[1].

Dans la perspective qui est celle de Descartes, on doit distinguer entre deux points de vue incommensurables. Car, tout en insistant sur le caractère nécessaire de certaines vérités, Descartes admet l'existence d'une perspective à partir de laquelle ces nécessités ne sont pas nécessaires. Si on tient certaines vérités pour nécessaires, c'est parce qu'elles sont nécessaires *pour nous*. Mais un autre ordre, où elles ne le sont pas, est concevable. L'idée d'un tel ordre se distingue d'une possibilité « ordinaire » par ce qu'elle a quelque chose d'ineffable (pour nous) : la perspective dans laquelle les nécessités ne sont pas nécessaires est incommensurable avec notre propre point de vue.

D'où la distinction entre ce que nous pouvons saisir ou connaître effectivement et ce que nous pouvons seulement concevoir. Dans le cadre de son effort pour montrer que les vérités nécessaires sont, à un certain niveau, contingentes, Descartes se voit contraint à distinguer entre les possibilités que nous pouvons saisir pleinement et celles que nous pouvons seulement imaginer ou, comme il le dira, *toucher de la pensée*.

> Car il est certain que Dieu est aussi bien auteur de l'essence comme de l'existence des créatures : or cette essence n'est autre chose que ces vérités éternelles ; lesquelles je ne conçois point émaner de Dieu, comme les rayons du soleil ; mais je sais que Dieu est

1. En ce qui concerne la position de Descartes et le débat dans lequel s'inscrit sa doctrine de la création des vérités éternelles, *cf.* notamment : J. Bouveresse, « Descartes, le « bon sens », la logique et les vérités éternelles », in *Essais V. Descartes, Leibniz, Kant*, Marseille, Agone, 2006 ; E. Bréhier, « La création des vérités éternelles dans le système de Descartes », *Revue philosophique de la France et de l'étranger* 5-8, vol. 123, 1937 ; I. Hacking, « Proof and Eternal Truths : Descartes and Leibniz », *in* S. Gaukroger (ed.), *Descartes : Philosophy, Mathematics and Physics*, New York, Barnes & Noble Books, 1980 ; H. Ishiguro, « The Status of Necessity and Impossibility in Descartes », *in* A. O. Rorty (ed.), *Essays on Descartes' Meditations*, Berkeley, University of California Press, 1986.

> auteur de toutes choses, et que ces vérités sont quelque chose, et par conséquent qu'il en est auteur. Je dis que je le sais, et non pas que je le conçois ni que je le comprends ; car on peut savoir que Dieu est infini et tout-puissant, encore que notre âme étant finie ne le puisse comprendre ni concevoir ; de même que nous pouvons bien toucher avec les mains une montagne, mais non pas l'embrasser comme nous ferions un arbre, ou quelque autre chose que ce soit, qui n'excédât point la grandeur de nos bras : car comprendre, c'est embrasser de la pensée ; mais pour savoir une chose, il suffit de la toucher de la pensée [1].

Si Descartes admet que les vérités nécessaires pourraient ne pas être nécessaires, ce n'est pas pour vider le terme « nécessaire » de son sens. Car la possibilité est envisagée d'un point de vue qui est incommensurable avec le nôtre. D'où le recours à une distinction entre les possibilités que nous connaissons et les possibilités que nous touchons de la pensée.

Il n'est donc pas surprenant que, dans le passage que nous avons cité, Henrich finisse par rapprocher l'impossibilité de justifier la loi morale et l'impossibilité de *connaître* cette justification. Car, dans le cadre conceptuel qui est le sien, les questions de nécessité et de possibilité entretiennent un rapport étroit avec des questions de connaissance : la nécessité y est indissociablement liée à la notion de finitude épistémique.

Dans un premier moment, Henrich proclame l'impossibilité de justifier la loi morale en en soulignant la portée ontologique : il renvoie à une absence irrémédiable relevant de la constitution même du monde. Bref, l'impossibilité serait *de re*. Or, dans la dernière phrase, l'explication acquiert une dimension épistémique : « Mais on ne peut démontrer sa légitimité ni saisir son origine qui, elle, est inaccessible à toute connaissance rationnelle. » Si cette inaccessibilité de « l'origine » de la loi est introduite par une conjonction (*…und kann auch*...) et sans aucune explication supplémentaire, c'est parce qu'elle résulte directement de la thèse

1. R. Descartes, *Œuvres de Descartes*, vol. I, *op. cit.*, p. 152.

proférée avant, à savoir que la justification de la loi est impossible « en soi ». Cette impossibilité est elle-même, à un certain niveau, contingente ; et cette contingence s'explique en dernière analyse par notre finitude : il peut toujours y avoir une pensée qui est incommensurable avec la nôtre.

Or, c'est à une telle conception de la nécessité que s'oppose Kant dans sa déduction transcendantale. La déduction de la première *Critique* cherche avant tout à rejeter une perspective suivant laquelle ce qui est nécessaire l'est pour des raisons contingentes. Kant s'intéresse notamment, dans ce contexte, à une certaine conception de la causalité selon laquelle la nécessité causale est nécessaire grâce à des circonstances empiriques. C'est sur ce point que s'achève, au § 27, la déduction de la seconde édition :

> Le concept de cause, par exemple, qui exprime la nécessité d'une conséquence sous une condition présupposée, serait faux, s'il ne reposait que sur une nécessité subjective, arbitraire et innée, de lier certaines représentations empiriques suivant une telle règle de relation. Je ne pourrais pas dire : l'effet est lié à la cause dans l'objet (c'est-à-dire nécessairement), mais : je suis seulement ainsi constitué que je ne puis penser cette relation autrement que liée ainsi [...] [1].

Si Kant opère une distinction entre une nécessité subjective et une nécessité objective, c'est pour avoir les ressources conceptuelles permettant de remettre en question ce que Hume croit avoir démontré, à savoir qu'en dernière analyse toute nécessité est une nécessité « contingente » ancrée dans la facticité du monde.

Il s'agit de revendiquer la différence entre une « vraie » nécessité et une nécessité qui est elle-même contingente. Nous l'avons vu : après avoir admis une certaine distinction entre une véritable nécessité et son *ersatz*, Hume cherche à montrer que l'*ersatz* est finalement la vraie chose. Il ne s'agit donc pas pour Kant de montrer que la nécessité « existe » effectivement ou qu'elle n'est pas une

1. KrV, B168.

chimère : la cible de son analyse est une conception de la nécessité d'après laquelle ce qui est nécessaire ne l'est pas « nécessairement ».

Le défaut principal des analyses de Henrich ne consiste pas en ceci qu'elles attribuent à Kant une position qui n'est pas la sienne, mais en ceci qu'elles ignorent l'enjeu par rapport auquel Kant cherche à prendre position. Ces analyses s'appuient sur une conception de la nécessité qui ne permet pas de soulever les questions pertinentes. D'où la difficulté de réfuter les thèses de Henrich. Comme nous le verrons encore en détail, il est vrai, en un certain sens, qu'une démonstration de la légitimité de la loi morale est impossible. Mais le sens que Henrich donne à une telle affirmation n'est certainement pas le même que lui donne Kant lorsqu'il soutient qu'aucune déduction ne peut prouver la réalité objective de la loi morale [1]. Non seulement parce que Kant fait référence à un certain *type* de preuve – une déduction transcendantale, une preuve de la raison théorique, etc. –, mais aussi parce que pour Kant cette impossibilité n'entraîne pas, comme nous le verrons, un sacrifice ou une perte. Même dans le passage que nous venons d'évoquer il l'indique clairement. Le passage s'achève par la remarque que cette impossibilité n'enlève rien à la légitimité de la loi (« … et cependant [la loi morale] se soutient par elle-même [*steht für sich selbst fest*] ») [2]. Si on considère qu'il y a un sacrifice à faire, c'est parce qu'on admet que l'autorité de la loi dépend d'une certaine contingence. Voilà pourtant la supposition que Kant cherche à remettre en cause.

Il convient d'ailleurs de noter que, pour Henrich, le projet de justifier la loi consiste à revendiquer l'autorité d'une prescription. Justifier la loi, ce serait la dériver d'un ensemble de prémisses. Or cela présuppose que la loi a le format de ce qui peut faire l'objet d'une telle déduction, qu'elle est une proposition ou une prescription pouvant constituer la conclusion d'un argument déductif. Le paradigme d'une telle démonstration est évidemment la déduction logique. Légitimer la loi morale, ce serait trouver une réponse

1. KpV, Ak V, 47.
2. *Ibid.*

(« déductive ») à la question de savoir pourquoi on doit obéir à cette prescription, laquelle nous commande d'agir d'une certaine façon (« de telle sorte que nous puissions aussi vouloir que notre maxime devienne une loi universelle »).

Or, pour Kant, il s'agit non de démontrer la légitimité d'*une* prescription mais de déterminer la légitimité que peut comporter une prescription pratique *quelconque*. Avant de se demander si une certaine prescription pratique est légitime, Kant se demande en quoi peut consister, en général, une telle légitimité. En quoi peut consister une contrainte pratique pour nous, les Modernes, qui ne pouvons plus recourir à une idée du bien pour fonder la loi et qui ne pouvons donc plus faire reposer l'éthique sur une ontologie ? En quoi peut consister une contrainte pratique lorsqu'on s'est émancipé de tout ordre de valeurs préétabli et on ne peut admettre comme valeur que ce qu'on valorise soi-même ?

Comme il l'indique dans un des passages dans lesquels il résume la nouveauté de sa position, Kant conçoit son projet comme un effort pour tirer toutes les conséquences de « l'erreur » qu'auraient commise les Anciens, celle consistant à fonder le devoir sur une conception du bien[1]. Si sa position constitue aussi une rupture par rapport aux Modernes, ajoute-t-il, ce serait simplement parce que ceux-ci n'auraient pas su extirper entièrement cette erreur de leurs réflexions, et « camouflent l'erreur en question (comme ils le font dans beaucoup d'autres cas) derrière des propos vagues »[2] : ils continuent à rechercher un fondement ontologique pour l'éthique et, partant, fournissent seulement des systèmes hétéronomes. La question qu'intéresse Kant est celle de savoir en quoi peut consister un système d'autonomie, lequel refuse tout ordre de valeurs préétabli

1. KpV, Ak V, 64. « Les Anciens, au moins, laissaient voir cette erreur ouvertement, en ceci qu'ils concentraient entièrement leur recherche sur la détermination du concept du *souverain Bien*, partant, d'un objet dont ils envisageaient ensuite de faire le fondement de la détermination de la volonté dans la loi morale, lorsque la loi morale est d'abord démontrée pour elle-même et justifiée comme fondement immédiat de la détermination de la volonté [...]. » Traduction modifiée.

2. *Ibid.*

et admet que la liberté est une valeur absolue parce qu'elle est en dernière analyse la seule valeur.

Henrich tient pour évident qu'une justification de la loi morale doit être analogue à la démonstration déductive d'une vérité. Or dans le cadre conceptuel dont se revendique Kant la vérité a été chassée de l'éthique. C'est là, bien sûr, une affinité majeure entre Kant et Hume. Leur désaccord concerne les *conséquences* de cette dissociation du *ought* et du *is*. Pour Kant, l'impossibilité de recourir à un bien matériel ne signifie aucune perte. À ses yeux, le rejet de toute ontologie permet au contraire d'identifier la véritable essence de l'obligation. Voilà en effet la thèse centrale de la deuxième *Critique*. En écartant tout « contenu », on découvre la véritable loi pratique qui, elle, est la forme des principes pratiques. Loin d'entraîner une perte, le passage à la modernité nous permet de découvrir la réalité du devoir.

Le spectre d'une perte se situe ailleurs pour Kant. Il y aurait une perte si le registre de la contrainte pratique se laissait rabattre sur celui de la convention. D'où l'importance du contraste qu'il admet, tout au long de son argumentation, entre la nécessité de la loi morale et la nécessité de l'inclination.

> Supposons cependant que des êtres rationnels finis pensent toujours d'une seule et même façon, quant à ce qu'ils considèrent comme des objets de leurs sentiments de plaisir ou de peine, voire même quant aux moyens dont il leur faut se servir pour atteindre ceux-là et écarter ceux-ci, le *principe de l'amour-propre* ne pourrait *en aucune manière* être qualifié pour autant par eux de *loi pratique*, car cette unanimité elle-même ne serait encore que contingente [1].

Si le principe de l'amour-propre ne peut en aucune manière être qualifié de loi pratique, c'est non parce qu'il est dépourvu de nécessité mais parce que la nécessité dont il est doté dépend d'une contingence. Même si on était d'accord sur ce qui constitue le bonheur et sur ce qui permet de l'atteindre, les règles qu'on admettrait ne posséderaient qu'une nécessité subjective. *Il se trouverait* que

1. KpV, Ak V, 26. Traduction modifiée.

ces règles possèdent une certaine nécessité (pour nous) : elles seraient nécessaires, mais non « nécessairement » nécessaires. Le projet de Kant, dans sa philosophie pratique, consiste précisément à dégager une nécessité pratique qu'on ne doit pas qualifier ainsi. C'est pour y parvenir qu'il recourt à une terminologie qu'il avait d'abord introduite dans un contexte théorique : la tâche serait celle de montrer que les principes de la raison pure pratique ont une réalité objective [1].

Il existe en effet un parallélisme décisif entre cette question et le problème de justification qui est posé dans le cadre de la philosophie théorique. Dans le contexte théorique, le problème n'est pas non plus de justifier certaines règles particulières. On pourrait le croire. Le problème, pourrait-on dire, consiste à montrer que certains concepts *a priori*, les catégories, sont objectivement valables et que leur rapport à des objets de l'expérience se laisse justifier. C'est là une formulation répandue de la tâche que la déduction transcendantale est censée résoudre. Mais cette interprétation méconnaît la portée du problème. En dernière analyse, la question est celle de savoir s'il peut y avoir un concept *a priori quelconque* qui entretient avec l'expérience un certain rapport.

En effet, il convient de se rappeler du point de départ de l'analyse kantienne : l'interrogation sur la possibilité des jugements synthétiques *a priori*. Sont possibles de tels jugements s'il peut y avoir une connaissance qui a pour objet l'expérience mais qui ne procède toutefois pas *de* celle-ci. Une telle connaissance, explique Kant, est possible s'il existe des concepts qui, tout en précédant l'expérience, saisissent des contraintes qui portent sur l'expérience. Le point décisif est le suivant : pour qu'une connaissance de ces concepts soit réellement une connaissance de l'expérience, il faut que les concepts

1. Sur la notion de réalité objective, *cf.* notamment L. Honnefelder, *Scientia transcendens. Die formale Bestimmung der Seiendheit und Realität in der Metaphysik des Mittelalters und der Neuzeit*, Hambourg, Meiner, 1990, p. 444-455. Son rôle dans l'édifice critique est mis au point par Kant dans la *Réponse à Eberhard*. Voir aussi l'analyse de J. Benoist dans son introduction à l'édition française, *Réponse à Eberhard*, trad. fr. J. Benoist, Paris, Vrin, 1999, p. 19-22.

saisissent des contraintes qui sont *à même* l'expérience. Les concepts en question sont censés être les dépositaires d'une contrainte qui ne modifie cependant pas ce qu'elle contraint. Car si cette contrainte entraînait une modification quelconque de l'expérience, on n'aurait pas affaire à une connaissance de l'expérience « elle-même ». Aussi n'aurait-on pas expliqué la possibilité des jugements *synthétiques a priori*. Dans le meilleur des cas on aurait rendu compte de certains jugements analytiques.

Lorsque Kant décrit la « révolution dans le mode de penser » qu'opère sa première *Critique*, il déclare que la possibilité de savoir quelque chose d'*a priori* sur l'expérience requiert que « l'*expérience* dans laquelle seule les objets sont connus (comme objets donnés) se règle sur [des] concepts [*a priori*] »[1]. Il ne peut bien évidemment se contenter d'une telle formulation qui, considérée isolément, semble annoncer un subjectivisme radical. Si l'expérience se réglait sur nos concepts, à quel titre serait-elle une expérience *des* objets dont elle est censée être l'expérience ? Aussi Kant fait-il remarquer d'emblée que, dans sa perspective, « tous les objets de l'expérience doivent nécessairement se régler » sur certains concepts *a priori*[2]. En effet, Kant doit montrer que nous n'insérons pas de n'importe quelle façon les concepts *a priori* dans l'expérience, mais que nous les y introduisons d'une façon « nécessaire », c'est-à-dire d'une façon qui ne transforme pas l'expérience mais qui est finalement requise par l'expérience elle-même. Le tour de force de la déduction transcendantale consiste à rendre compte de cette nécessité en montrant que les concepts en question sont les conditions qui *rendent possible* une expérience d'objets.

D'où la thèse d'identité si controversée qui sert de « fil conducteur » pour dégager les catégories :

> La même fonction qui donne l'unité aux représentations diverses *dans un jugement*, donne aussi à la simple synthèse de

1. KrV, BXVII.
2. KrV, BXVIII.

> représentations diverses *dans une intuition* l'unité, qui, exprimée généralement, s'appelle le concept pur de l'entendement[1].

Afin de rendre compte de la « nécessité » des catégories, Kant admet que l'expérience doit toujours pouvoir faire l'objet d'un jugement. Elle n'est une véritable expérience, une expérience de *quelque chose* (= X), que si elle peut satisfaire les contraintes qui sont propres à l'activité de juger. La même fonction qui donne l'unité aux représentations diverses dans un jugement doit aussi donner l'unité aux représentations diverses dans une intuition : cette identité est censée expliquer pourquoi les intuitions peuvent être une expérience *d'objets*.

D'après Kant, les formes du jugement sont les douze concepts dégagés dans l'exposition transcendantale et présentés dans la table des catégories. D'où l'impression que la déduction tâche de démontrer que *ces* formes, *ces* concepts, sont objectivement valables. Or l'enjeu décisif de la déduction n'est pas le statut de tel ou tel concept mais la possibilité d'une contrainte à même l'expérience. Le spectre est qu'il n'y ait pas, en dernière analyse, de tels concepts *du tout.* Voilà ce que Kant appelle le scepticisme. Celui-ci est la possibilité que « ce qu'on tient pour la raison ne [soit] qu'une illusion générale de notre faculté de connaître »[2].

Ni dans la philosophie pratique ni dans la philosophie théorique la question de la justification ne concerne que la réalité objective de certains principes. Aux deux endroits, la question principale est de savoir s'il existe un principe quelconque doté d'une telle réalité. Ce problème fondamental prend, bien sûr, des formes différentes dans les deux contextes. Il y a surtout une différence majeure. Dans la philosophie théorique, la question de la justification possède une certaine autonomie. C'est seulement après avoir dressé la table des catégories que Kant aborde, dans la déduction transcendantale, la

1. KrV, B104-105/A79.
2. KrV, B128.

tâche de la justification proprement dite[1]. Or, comme nous allons le voir en détail dans le prochain chapitre et dans le chapitre X, il n'y a pas lieu, dans la philosophie pratique, de faire une telle distinction. Il s'avère que l'exposition résout déjà, de façon inattendue, la tâche de la déduction. L'exposition du principe de la raison pure pratique constitue déjà une démonstration de sa réalité objective.

1. Pour des raisons que nous venons d'évoquer, on pourrait considérer que cette distinction entre exposition et déduction ne correspond pas à deux séries de raisonnement distinctes mais, au contraire, à deux moments d'un seul raisonnement. Cela rapprocherait davantage la démarche de la première *Critique* de celle que nous avons identifiée dans la deuxième *Critique*. Pour des lectures qui rapprochent ainsi l'exposition et la déduction, voir J. McDowell, « Having the World in View : Sellars, Kant and Intentionality », *op. cit.*; S. Rödl, « Logical Form as a Relation to the Object », *Philosophical Topics* 1-2, vol. 34, 2006.

CHAPITRE VIII

LE *FAKTUM* DE LA RAISON

Comme Kant finit par donner à la loi morale la forme d'une prescription, on s'attend à ce que sa justification de cette loi soit semblable à celle d'une prescription quelconque ; on suppose qu'il s'agit pour lui de montrer que nous devons obéir à une certaine injonction. (« Qu'est-ce qui peut justifier la prescription d'agir de telle sorte que nos maximes puissent toujours valoir en même temps comme principes d'une législation universelle ? ») Mais, comme nous l'avons montré dans les chapitres V et VI, la loi morale est la forme du vouloir : elle est censée être une condition que nous admettons par le fait même de nous engager à faire quelque chose. Cela a des conséquences pour le problème de la justification : si on réussit par l'analyse de la volonté à dégager une telle forme, on aura montré que du moins d'un point de vue pratique – du point de vue de l'engagement – nous sommes effectivement soumis à la loi morale. La seule exposition des principes pratiques aura permis de faire un pas décisif dans la démonstration de la légitimité de la loi.

Ce déplacement du problème de la justification est souligné par Kant lui-même. Non seulement dans la section sur la déduction transcendantale mais déjà au tout début de la *Critique de la raison pratique* :

> Pourquoi cette Critique ne s'intitule pas une Critique de la raison pratique *pure*, mais simplement de la raison pratique en général, bien que le parallélisme de cette dernière avec la raison spéculative semble exiger le premier intitulé, voilà qui sera amplement expliqué dans ce traité. Il doit seulement établir *qu'il y a une raison pratique pure*, et il critique en vue de cela toute la *capacité pratique* de la raison. S'il y arrive, il n'a pas besoin de critiquer la *capacité pure elle-même*, pour voir si la raison, se flattant seulement d'un tel pouvoir, *ne présume pas trop* d'elle-même (ce qui arrive

> assurément à la raison spéculative). Car si, en tant que raison pure, elle est effectivement pratique, alors elle prouve sa réalité et celle de ses concepts par le fait [*in der Tat*], et toute ratiocination niant la possibilité pour elle de l'être est vaine [1].

Un lecteur avisé pourrait en effet s'étonner que la deuxième *Critique* soit non une *Critique de la raison pure pratique* mais une *Critique de la raison pratique.* Selon la première *Critique* (qui, elle, est évidemment une *critique de la raison pure théorique*), la tâche d'une critique est d'examiner les prétentions de la raison pure. Aussi s'attendait-on à ce qu'une critique ayant pour objet la raison pratique soit, comme l'annonçait d'ailleurs la troisième partie des *Fondements*, une critique de la raison pure pratique.

Cette incohérence apparente au niveau de la forme de l'ouvrage s'expliquerait par la nature même de son objet. Grâce au caractère pratique de la raison pratique, l'exposition de ses principes purs permettrait déjà d'établir la réalité de ceux-ci Si la raison pure pratique *est effectivement pratique*, affirme Kant, « alors elle prouve sa réalité et celle de ses concepts par le fait [*in der Tat*], et toute ratiocination niant la possibilité pour elle de l'être est vaine ». Les principes de la raison pratique seraient en effet de telle sorte que leur exposition permettrait de résoudre le problème que soulève leur déduction. Un peu comme pour la preuve ontologique de Dieu, l'analyse du concept même permettrait d'établir la réalité de ce à quoi renvoie ce concept.

Nous avons vu comment s'explique ce rapport surprenant : les principes purs de la raison pratique sont la forme même des principes pratiques. Ils entretiennent un lien interne avec la volonté parce qu'ils doivent être satisfaits seulement « afin » de vouloir quelque chose. Si on arrive à identifier de tels principes, on devra admettre que, du point de vue de l'action, on leur est inévitablement soumis. Il n'est donc pas certain que l'absence d'une justification autonome, indépendante de l'exposition de la loi morale, témoigne d'une impossibilité quelconque. Encore faudrait-il montrer que la

1. KpV, Ak V, 3. Traduction modifiée.

démonstration « pratique » accomplie dans le cadre de l'exposition – démonstration que nous allons analyser dans ce chapitre – ne permet pas de résoudre entièrement le problème de la justification.

En effet, c'est dans le cadre de l'exposition de la loi qu'on retrouve, dans la deuxième *Critique*, le traitement principal de la question de la justification. Après avoir dégagé la loi pratique au § 7 de la *Critique de la raison pratique*, Kant renvoie, dans la première scholie de ce paragraphe, à un « *Faktum* de la raison » qui est censé expliquer la légitimité de cette loi. Le recours à ce *Faktum* peut surprendre, car jusqu'à ce moment dans l'argumentation il était question de présenter la loi pratique et son caractère inconditionnel; la question de la légitimité n'avait pas encore été abordée.

Cette transition inattendue commence au début de la première scholie du § 7. Dans le cadre de quelques remarques sur le caractère inconditionnel de la loi morale, Kant fait une affirmation inattendue : « la pensée *a priori* d'une législation universelle possible [...] est ordonnée inconditionnellement comme loi, sans emprunter quoi que ce soit à l'expérience ou à une quelconque volonté extérieure » [1]. Cette affirmation peut surprendre car elle est dépourvue de toute qualification indiquant que son objet est non une loi réelle mais la seule idée d'une loi dont la réalité objective reste à démontrer.

Mais il n'y a évidemment pas lieu d'être surpris. Le caractère inconditionnel de la loi morale permet d'établir un lien entre la seule idée d'une telle loi et sa réalité. En effet, même si, *per impossibile*, une prescription particulière était inconditionnelle au sens où elle pesait sur tout acte de vouloir, elle ne serait pas inconditionnelle dans le sens où Kant entend ce terme. Car la contrainte en question serait *imposée* à la volonté :

> [cette prescription supposément inconditionnelle] devrait nécessairement comporter un intérêt sous forme d'attrait ou de contrainte [*Zwang*], parce qu'elle ne dériverait pas comme loi de [notre] volonté, et que [notre] volonté serait contrainte conformément à la loi par *quelque chose d'autre* à agir d'une certaine manière.

1. KpV, Ak V, 47.

> Or c'était cette conséquence de tout point inévitable qui faisait que tout travail pour trouver un principe suprême du devoir était perdu sans retour. Car on ne découvrait jamais le devoir, mais la nécessité d'agir par un certain intérêt. Que cet intérêt fût un intérêt personnel ou un intérêt étranger, l'impératif affectait toujours alors nécessairement un caractère conditionnel et ne pouvait en rien être bon pour le commandement moral [1].

Si la loi morale est inconditionnelle, ce n'est pas uniquement parce qu'elle contraint tout acte de vouloir. L'inconditionnel ne se confond pas pour Kant avec l'exhaustif. Un principe peut peser sur tout acte de la volonté et néanmoins être conditionnel parce que sa nécessité dépend d'une contingence préalable. La marque de l'inconditionnel est l'indépendance de toute contingence : un principe inconditionnel doit être « nécessairement » nécessaire.

D'où la possibilité de prendre l'inconditionnel comme fil conducteur d'une justification, laquelle est explicitement abordée dans la suite de cette scholie du § 7 :

> On peut appeler la conscience de cette loi fondamentale un *Faktum* de la raison, parce qu'on ne peut subtiliser pour la déduire de données antérieures de la raison, par exemple de la conscience de la liberté (car celle-ci ne nous est pas donnée avant), mais parce qu'elle s'impose à nous par elle-même comme proposition synthétique *a priori*, qui n'est fondée sur aucune intuition, ni pure, ni empirique, bien qu'elle serait analytique si l'on présupposait la liberté de la volonté, ce pour quoi, soit la liberté comme concept positif, serait requise une intuition intellectuelle que l'on n'a, ici, aucunement le droit d'admettre. Mais il faut bien remarquer, pour regarder sans se méprendre cette loi comme *donnée*, que ce n'est pas un fait empirique, mais le fait unique de la raison, qui se fait connaître par là comme originairement législatrice (*sic volo, sic jubeo*) [2].

1. GMS, Ak IV, 432-433. Traduction modifiée.
2. KpV, Ak V, 31.

Au début de ce passage controverse, Kant introduit le célèbre *Faktum* de la raison et le définit comme la conscience que nous avons de la loi pratique. Une des thèses les plus surprenantes de la littérature sur le *Faktum* concerne l'interprétation de cette définition. De façon presque unanime, on considère que cette définition du *Faktum*, comme une conscience de la loi morale, montre que la loi fait l'objet d'un sens moral.

Afin d'identifier ce que Kant entend par « conscience de la loi », il est instructif d'analyser l'emploi qu'il fait de ce syntagme quelques pages plus tôt, au § 6. Après avoir établi un lien étroit entre la loi pratique et la liberté, Kant fait remarquer au § 6 que, d'un point de vue épistémique, nous sommes d'abord confrontés à la loi pratique et ne pouvons établir la réalité de la liberté qu'en nous appuyant sur cette loi. À cette occasion, il déclare déjà que nous sommes « immédiatement conscients » de la loi, en ajoutant entre parenthèses : « dès que nous nous soumettons à une maxime de la volonté »[1]. Si on la sort de son contexte, cette paraphrase peut évidemment être réconciliée avec des interprétations très diverses. Or, il est significatif que Kant rapproche l'idée d'une conscience de la loi d'une part et l'idée d'une soumission à la maxime d'autre part, comme si l'adoption d'une maxime allait de pair avec une telle conscience. Kant suggère en effet qu'il existe un lien interne entre ladite conscience et l'adoption d'une maxime.

Une analyse plus détaillée de l'usage qu'il fait de cette formule permet de le confirmer. « Être conscient de quelque chose » a un sens plus spécifique chez Kant qu'on n'admet d'habitude. Pour le voir, il convient de comparer sa conception de la conscience avec celle que développe Locke dans le cadre des réflexions analysées dans le chapitre IV. En effet, lorsque le philosophe britannique forge le terme de *consciousness*, il définit la *consciousness* comme « la perception de ce qui se passe dans l'esprit d'un homme »[2].

1. KpV, Ak V, 29.

2. J. Locke, *Essai sur l'entendement humain. Livres I et II*, trad. fr. J.-M. Vienne, Paris, Vrin, 2001, p. 180.

> Il est tout aussi intelligible de dire qu'un corps est étendu sans avoir de parties, que de dire que quelque chose *pense sans en être conscient* ou sans percevoir qu'il pense. Ceux qui parlent ainsi peuvent avec autant de raison, si c'est nécessaire à leur hypothèse, prétendre qu'un homme a toujours faim, mais qu'il ne le ressent pas toujours, alors que la faim consiste en cette sensation même, comme penser consiste à être conscient qu'on pense. S'ils disent que l'homme pense toujours mais qu'il n'en est pas toujours conscient, je demande comment ils peuvent le savoir, puisque cette conscience n'est autre chose que la perception de ce qui se passe dans l'esprit d'un homme[1].

C'est uniquement en recourant à l'idée d'une perception de second degré qu'on pourrait, aux yeux de l'auteur britannique, expliquer ce qui fait que certaines expériences soient les nôtres. Dans une telle perspective, toute conscience implique une conscience de soi (une *self-consciousness*) : penser, c'est aussi toujours être conscient qu'on pense.

Il existe, sans aucun doute, un rapport étroit entre cette conception de la conscience et celle défendue par Kant. Car toutes les deux constituent une réponse à des problématiques semblables. Pour Locke comme pour Kant, la notion de conscience est étroitement associée à la tentative d'expliquer ce qui fait d'une expérience la nôtre. Pour l'un comme pour l'autre, il ne suffit pas qu'on éprouve ou qu'on subisse une expérience pour que celle-ci compte comme nôtre. Elle doit, par ailleurs, satisfaire certaines exigences.

En effet, l'optique de certaines analyses de la déduction transcendantale ressemble, à première vue, à l'optique de l'analyse lockéenne.

> Si nous n'avions la conscience que ce que nous pensons est précisément cela même que nous pensions un instant auparavant, toute reproduction dans la série des représentations serait vaine[2].

1. *Ibid.* Traduction modifiée.
2. KrV, A103.

Or, comme on le constate déjà dans la phrase suivante, ce serait une erreur d'assimiler l'analyse de Kant à celle de Locke :

> Il y aurait en effet [si nous n'en avions pas conscience] dans l'état présent une nouvelle représentation, qui n'appartiendrait nullement à l'acte par lequel elle aurait dû être produite peu à peu, et le divers de cette représentation ne constituerait jamais un tout, puisqu'il manquerait de l'unité que la conscience seule peut lui procurer[1].

La conscience ne sert pas à unifier des représentations dont l'identité est déterminée d'avance ; elle est au contraire le garant de l'identité de ces représentations, lesquelles, sans le travail de la conscience, seraient un divers dépourvu d'intentionnalité.

Sur ce point, la position de Kant est aux antipodes de celle de Locke. Pour Kant, même le rapport aux représentations intérieures est soumis à certaines conditions ; ces représentations doivent être normées de telle sorte qu'on puisse les considérer comme étant *nos* représentations. Il convient donc de souligner le caractère adverbial (et non nominal) que possède la conscience (pure) dans la perspective qui est celle de Kant. La conscience n'est pas une perception qui vient s'ajouter aux représentations « de premier degré ». Elle désigne la *manière* dont on doit se rapporter à sa propre expérience afin que celle-ci soit une représentation de quelque chose[2].

« Être conscient de quelque chose de façon *a priori* » ou « être immédiatement conscient de quelque chose » renvoie en effet à la façon dont doit se concevoir celui qui veut faire l'expérience d'un objet : cette conscience fait la différence entre une véritable expérience et l'épreuve d'un divers sensible. La conscience, dans cette acception, est une conception de soi qui doit pouvoir accompagner une activité (en l'occurrence, l'expérience) afin que cette activité acquière une certaine identité.

1. *Ibid.*

2. Sur ce caractère « adverbial » de la conscience pure, *cf.* notamment les analyses dans R. Pippin, « Kant on the Spontaneity of the Mind », *Canadian Journal of Philosophy* 2, vol. 17, 1987.

Cela permet d'expliquer les différentes tournures qu'emploie Kant dans le cadre de sa réflexion sur la légitimité de la loi morale. Comme nous l'avons montré, la marque de la volonté est la capacité de *se concevoir comme* soumis à une règle. Toute la différence entre la volonté et la passion s'articule autour de cet enjeu. Grâce à une certaine conception de soi, la personne qui s'engage à faire quelque chose se place dans un registre où il est possible d'obéir à, ou d'enfreindre, une règle. Or, la loi morale est censée saisir ce rapport particulier que nous pouvons entretenir avec une règle : l'impératif catégorique est censé exprimer la contrainte qui pèse sur tout vouloir « comme tel », uniquement dans la mesure où il comporte une certaine *Gesetzmäßigkeit.* Aussi doit-on, lorsqu'on veut quelque chose se concevoir comme soumis à la loi morale. On en est donc immédiatement conscient lorsqu'on adopte une maxime.

TROISIÈME PARTIE

LIBERTÉ ET IPSÉITÉ

Und so musste er wohl auch glauben, dass die persönlichen Eigenschaften, die er dabei erwarb, mehr zueinander als zu ihm gehörten, ja jede einzelne von ihnen hatte, wenn er sich genau prüfte, mit ihm nicht inniger zu tun als mit anderen Menschen, die sie auch besitzen mochten.

Robert Musil, *Der Mann ohne Eigenschaften*

CHAPITRE IX

FONCTION ET PLACE D'UNE DÉDUCTION DE LA LIBERTÉ

Sensible à la crainte que, faute d'un fondement ontologique, toute obligation puisse s'avérer conventionnelle, Kant cherche à montrer dans la deuxième *Critique* que même s'il n'existe pas d'ordre de valeurs préétabli, il existe une obligation digne de ce nom. Tout engagement serait en effet soumis à une contrainte en vertu de sa forme seule : l'effort de justification consiste pour Kant, nous l'avons vu dans les chapitres VII et VIII, à dégager cette forme et à montrer qu'il s'agit là d'une obligation véritablement inconditionnelle. Kant soutient en effet que l'obligation ne saurait avoir une contrepartie ontologique parce que seul notre état d'autonomie peut nous imposer une exigence inconditionnelle. Dans le présent chapitre, nous allons revenir sur la notion d'autonomie et, plus précisément, sur le rôle qu'elle joue dans la tentative de justifier la loi. Cela nous permettra, dans les chapitres suivants, d'élaborer une interprétation de la justification fournie dans les *Fondements* et, surtout, d'examiner la place qu'occupe la question de la subjectivité dans l'éthique kantienne.

Comme dans la deuxième *Critique* Kant souligne l'impossibilité de fournir une déduction de la loi morale, on peut avoir l'impression qu'il existe une différence décisive entre la perspective élaborée dans cet ouvrage et celle développée dans les *Fondements*. Dans les *Fondements*, on trouve en effet une « déduction du principe suprême de la moralité » : Kant en propose l'esquisse tout au long de la troisième partie de l'ouvrage [1]. S'appuyant sur cette différence saisissante au niveau de la forme, de nombreux auteurs ont soutenu qu'un tournant sépare les *Fondements* de la *Critique de la raison pratique*.

1. GMS, Ak IV, 463.

D'après cette position, très répandue dans la littérature contemporaine, Kant aurait abandonné, dans la deuxième *Critique*, l'effort pour fournir la déduction qu'il envisageait dans les *Fondements*. Comme « déduction » est synonyme de « justification d'un principe *a priori* », la plupart d'auteurs admettant cette thèse considère également que ce (prétendu) tournant constitue un abandon de toute tentative de justifier la loi morale. Cette interprétation dépend, bien sûr, d'une certaine lecture de la doctrine du *Faktum*. Nous avons pu le constater chez Henrich : on met en relief l'existence d'une déduction dans les *Fondements*, on associe le *Faktum* introduit dans la deuxième *Critique* aux déclarations sur l'impossibilité d'une déduction et on conclut ainsi que la doctrine du *Faktum* constitue un abandon de tout tentative de justification [1].

Il n'y a nul doute que Kant présente l'esquisse d'une déduction dans la troisième partie des *Fondements*. Encore faut-il déterminer *de quoi* exactement il prétend fournir la déduction. Certes, dans le cadre de la « Remarque finale », à la toute fin du livre, il parle d'une « déduction du principe suprême de la moralité », comme si la déduction esquissée dans la troisième partie de l'ouvrage était une déduction de ce que, dans la perspective de la deuxième *Critique*, ne peut pas faire l'objet d'une déduction [2]. Or, même à cet endroit, le seul où Kant évoque une déduction *du* principe de la moralité, il n'est pas tout à fait clair à quoi il fait référence. Car à ce même endroit, il introduit les considérations qui sont présentées dans la deuxième *Critique* pour *remettre en cause* la possibilité d'une déduction de la loi morale.

1. Pour une telle interprétation, *cf.* surtout, H. Allison, *Kant's Theory of Freedom*, *op. cit.*, p. 214-249 ; K. Ameriks, « Kant's Deduction of Freedom and Morality », *op. cit.* ; P. Guyer, « Naturalistic and Transcendental Moments in Kant's Moral Philosophy », *Inquiry*, vol. 50, 2007 ; D. Henrich, « Die Deduktion des Sittengesetzes : Über die Gründe der Dunkelheit des letzten Abschnittes von Kant's *Grundlegung zur Metaphysik der Sitten* », *op. cit.* ; J. Timmerman, « Reversal or Retreat? Kant's Deductions of Freedom and Morality », *op. cit.*

2. GMS, Ak IV, 463.

> Aussi [la raison] cherche-t-elle sans relâche le nécessaire inconditionné, et se voit-elle forcée de l'admettre, sans pour autant avoir les moyens de le rendre compréhensible, trop heureuse si elle peut seulement découvrir le concept qui s'accorde avec cette supposition. Il n'y a donc pas de reproche à faire à notre déduction du principe suprême de la moralité, c'est plutôt à la raison humaine en général qu'il faudrait s'en prendre, si nous ne réussissons pas à expliquer [*begreiflich machen*] une loi pratique inconditionnée (telle que doit être l'impératif catégorique) dans sa nécessité absolue [1].

Après avoir fourni ce qu'il appelle ici une déduction du principe suprême de la moralité, Kant fait remarquer que cette déduction n'aurait pas réussi à rendre compte de la « nécessité absolue » du principe en question. Pour pouvoir en rendre compte, il faudrait avoir accès à l'inconditionnel et, plus précisément, comme Kant le rappelle dans la phrase suivante, à la liberté, laquelle ne peut pas cependant faire l'objet d'une connaissance.

C'est précisément par ce biais, par une réflexion sur l'inaccessibilité de la liberté, que Kant aborde dans la deuxième *Critique* la question de la déduction. Pour pouvoir fournir une telle déduction, nous devrions rendre compte de la liberté, dont l'inaccessibilité a pourtant été établie par la *Critique de la raison pure*. Kant souligne dans ce contexte la forme particulière que prend, dans la philosophie pratique, l'effort pour répondre à la célèbre question concernant la possibilité des principes synthétiques *a priori*. Dans la philosophie pratique, on ne pourrait pas, comme dans la philosophie théorique, s'appuyer sur un donné pour rendre compte de cette possibilité, et cela rendrait impossible une déduction des principes pures. Les objets qui permettraient de fournir une déduction ont trait à la liberté et ne peuvent pas « être compri[s] par aucun moyen » [2]. Kant fait ici référence à la limite qu'évoque le passage des *Fondements* cité ci-dessus : il renvoie à l'impossibilité de rendre compte de la liberté et aux limites que cela impose à tout effort pour comprendre (*begreifen*, *begreiflich* : on remarquera que

1. GMS, Ak IV, 463. Traduction modifiée.
2. KpV, Ak V, 46-47.

partout il est question d'une compréhension de type conceptuel, donc du point de vue théorique) la loi pratique.

Le passage que nous avons cité n'est pas le seul endroit dans la troisième partie des *Fondements* où Kant présente ces considérations. D'autres passages témoignent de la même conviction. Par exemple, après avoir présenté la distinction entre le monde intelligible et le monde sensible, Kant conclut :

> Mais où la raison franchirait toutes ses limites, ce serait si elle entreprenait de *s'expliquer comment* une raison pure peut être pratique, ce qui reviendrait absolument au même que de se proposer d'expliquer *comment la liberté est possible*[1].

Kant nie donc en toutes lettres que nous puissions rendre compte de la possibilité de la raison pure pratique. Comme la loi morale n'est rien d'autre que le principe suprême de la raison pure pratique, Kant nie à cet endroit la possibilité de rendre compte de cette loi : il nie en tout cas que nous soyons capables de « l'expliquer ».

De tels passages nous conduisent à un paradoxe. Si on ne peut pas expliquer la possibilité du principe pur de la raison pratique, comment peut-on prétendre avoir démontré la validité de ce principe ? Comment peut-on fournir une déduction du principe suprême de la morale si ce principe est inaccessible à la raison ? Il n'y a cependant pas de doute : Kant considère que cette déduction a bel et bien été fournie ; il l'affirme dans le cadre de cette même réflexion[2].

À de tels endroits, Kant opère une distinction entre le principe suprême de la moralité et l'impératif catégorique d'un côté, et le principe pur de la raison pratique et la loi morale de l'autre[3]. Cela

1. GMS, Ak IV, 458-459.

2. *Ibid.* Par la déduction, on arriverait à une « conviction de la *validité de cet impératif* [catégorique] ».

3. D'où le débat autour de la question de savoir si Kant prétend fournir une seule déduction, celle de l'impératif catégorique, ou si en réalité il prétend en fournir deux, une de l'impératif catégorique et une autre de la loi morale. Pour une défense de la première position, *cf.* notamment D. Schönecker, *Kant, Grundlegung III : Die Deduktion des kategorischen Imperativs*, Freiberg, Alber, 1999, p. 153-195 ; pour

lui permet d'insister sur l'impossibilité de rendre compte de la loi morale tout en admettant la validité de l'impératif catégorique. Nous reviendrons sur ce point. Or, pour l'instant, le point important consiste en ceci que, dans la deuxième *Critique*, cette impossibilité se confond pour Kant avec celle d'une déduction de la loi morale. Aussi, comme par rapport à ce premier point il prend la même position dans les *Fondements*, la déduction esquissée dans cet ouvrage ne peut pas être celle qui est jugée impossible dans la *Critique de la raison pratique*. Peut-être qu'un tournant sépare ces deux ouvrages, mais ce n'est pas en tout cas le tournant qu'on croit souvent : Kant ne tâche pas, dans les *Fondements*, de démontrer quelque chose que, dans la deuxième *Critique*, il juge impossible à établir.

En effet, dans la présentation sommaire au début de la troisième partie des *Fondements*, il est question non d'une déduction de l'impératif catégorique mais d'une déduction de la liberté :

> Si donc la liberté de la volonté est supposée, il suffit d'en analyser le concept pour en déduire la moralité avec son principe. Ce principe cependant est toujours une proposition synthétique, qui peut s'énoncer ainsi : une volonté absolument bonne est celle dont la maxime peut toujours contenir en elle-même la loi universelle qu'elle est capable d'être; car, par l'analyse du concept d'une volonté absolument bonne, on ne peut découvrir cette propriété de la maxime. Mais des propositions synthétiques de ce genre ne sont possibles qu'à la condition que les deux notions par la liaison avec une troisième en laquelle elles se rencontrent de part et d'autre, se trouvent par là même liées entre elles. Le concept *positif* de la liberté fournit ce troisième terme, qui ne peut être, comme pour les causes physiques, la nature du monde sensible (dont le concept comprend le concept de quelque chose, considéré comme cause, et le concept de *quelque autre chose* à quoi la cause se rapporte, et qui est considéré comme effet). Mais quel est ce troisième terme auquel

une défense de la seconde, *cf.* notamment H. Allison, *Kant's Groundwork for the Metaphysics of Morals : A Commentary*, Oxford, Oxford University Press, 2011, p. 273-283.

> renvoie la liberté et dont nous avons *a priori* une idée, il est encore trop tôt pour pouvoir l'indiquer ici, ainsi que pour faire comprendre comment le concept de la liberté se déduit de la raison pure pratique et comment par là également est possible un impératif catégorique : tout cela exige encore quelque préparation [1].

Cette feuille de route contient des indications précieuses qui permettent de comprendre *de quoi* Kant cherche à donner une déduction et ce qu'il croit pouvoir justifier par une telle preuve. À en croire cette exposition initiale, la déduction serait une déduction *de la liberté*, et elle se *fonderait sur* la raison pure pratique. Kant prétend « déduire » le concept de liberté (dans l'original on retrouve le substantif : *eine Deduktion des Begriffs der Freiheit*) *de* la raison pure pratique (« *aus* » : à partir de, sur la base de la raison pure pratique) *afin* de montrer comment est possible un impératif catégorique.

Si Kant adopte réellement cette démarche, il ne peut pas y avoir, à ce niveau, une contradiction avec la *Critique de la raison pratique*. Car la raison pure pratique serait le point de départ, et non l'objet, de la déduction. Comme dans la deuxième *Critique*, Kant refuserait de déduire la loi morale ; il s'appuierait sur la validité de cette loi pour établir la réalité de la liberté.

Certes, il existe une différence au niveau du troisième pas de l'argumentation, celui consistant à démontrer, par une déduction de la liberté, que l'impératif catégorique est possible. C'est là une affirmation, ou du moins une formulation, qu'on ne retrouve pas dans la deuxième *Critique*. Il faudra donc s'interroger s'il y a là une différence importante. Mais on constate en tout cas qu'il n'existe pas de tournant au niveau de l'objet de la déduction : la déduction fournie dans les *Fondements* n'est pas celle qui est jugée impossible dans la deuxième *Critique*.

Force est de constater que, dans les *Fondements*, Kant met l'accent sur le parallélisme qu'il existe, au niveau du problème de la justification, entre la philosophie théorique et la philosophie

1. GMS, Ak IV, 447.

pratique. Non sans raison, comme nous avons pu le constater. Mais avant de conclure que cela constitue une différence importante, on doit s'interroger sur cette analogie. En quoi exactement consiste la convergence entre les réflexions de cette troisième partie des *Fondements* et la déduction transcendantale de la première *Critique* ?

Il convient d'être attentif à certains détails terminologiques. Dans la *Critique de la raison pure* aussi, Kant affirme qu'il a « déduit » ou « fourni la déduction » de certaines propositions synthétiques *a priori*[1]. Mais c'est là un emploi dérivé de ces termes. Ce ne sont pas en principe les propositions *a priori* mais les concepts *a priori* et, plus précisément, les *catégories*, qui font l'objet d'une déduction transcendantale. En *s'appuyant sur* cette démonstration, Kant croit pouvoir établir ce qu'il appelle « la possibilité » de certaines propositions synthétiques *a priori* et, par là même, leur légitimité. Même si la déduction transcendantale est donc toujours, *stricto sensu*, une déduction des catégories (dans la première *Critique*, le terme « déduction » apparaît la plupart du temps dans la formule « *Deduktion der Verstandesbegriffe* »), à certains endroits Kant parle aussi, *par extension*, d'une déduction des propositions synthétiques *a priori*. On voit pourquoi : c'est la validité de ces propositions que Kant veut établir par la déduction des catégories.

On retrouve dans les *Fondements* un tel emploi dérivé de « déduction ». Kant y veut établir la légitimité de l'impératif catégorique en recourant à une déduction. S'appuyant sur celle-ci (c'est une déduction de la liberté : nous le verrons en détail), Kant essaie de montrer comment ce principe synthétique *a priori* est « possible » et, donc, légitime. L'intitulé même de la section principale de cette troisième partie des *Fondements* l'indique clairement (« Comment un impératif catégorique est-il possible ? »). S'il évoque une fois « la déduction du principe suprême de la moralité », ce n'est donc pas parce que ce principe fait *l'objet* d'une déduction.

Au moins au niveau de la démarche il n'existe en effet aucune contradiction entre l'ouvrage de 1785 et la *Critique de la raison*

1. *Cf.* par exemple KrV, A733/761 et KrV, A787/B815.

pratique. Car dans la *Critique* aussi, Kant cherche à établir la réalité de la liberté en s'appuyant sur la validité du principe pratique de la raison pure. Comme la preuve de la réalité objective d'une Idée, telle que la liberté, est une déduction, il parle dans cet ouvrage aussi, comme dans les *Fondements*, d'une déduction de la liberté.

La seule différence importante, par conséquent, entre les deux ouvrages est que, dans les *Fondements*, Kant met en relief davantage le parallélisme entre philosophie pratique et philosophie théorique. Arrivé au terme de la déduction de la liberté, il déclare que la possibilité d'une certaine proposition synthétique *a priori*, l'impératif catégorique, a été démontrée. Nous le verrons, il s'agit pour Kant, d'insister sur la possibilité de légitimer le principe de la moralité *malgré* l'impossibilité de fournir une déduction des principes pratiques de la raison pure. Mais, là aussi, il n'y a pas de véritable rupture par rapport à la deuxième *Critique*. Au contraire, en distinguant entre la loi morale et l'impératif catégorique, Kant fait droit aux deux versants de la doctrine du *Faktum*. L'autorité du principe de la moralité a bel et bien été établie *même si* on ne peut pas démontrer la légitimité de la loi morale ; l'absence d'une telle démonstration (théorique) ne change rien quant à notre capacité de reconnaître que cette loi est effectivement valable. C'est aussi pourquoi Kant affirme, à la fin de cette troisième section, qu'il a déduit le principe suprême de la moralité. Quoique d'une façon inattendue, sans pouvoir s'appuyer sur une preuve (une déduction des principes de la raison pure pratique), il aurait réussi à montrer que la loi morale, au moins en ce qui nous concerne, c'est-à-dire sous la forme d'un impératif catégorique, est objectivement valable. Dans les *Fondements* aussi, Kant prétend pouvoir démontrer la réalité de la loi morale sans fournir une démonstration théorique.

La thèse réapparaît dans le résumé de la déduction de la liberté. D'une part, Kant y insiste sur le succès de sa tentative d'établir la légitimité de la loi morale. D'autre part, il admet l'impossibilité de fournir une démonstration théorique.

> Donc à la question : comment un impératif catégorique est-il possible ? on peut assurément répondre dans cette mesure, que l'on peut indiquer la seule supposition dont dépend sa possibilité, à savoir l'Idée de la liberté, et que l'on peut encore apercevoir la nécessité de cette supposition, ce qui pour l'*usage pratique* de la raison, c'est-à-dire pour la conviction de la *validité de cet impératif*, et par suite aussi de la loi morale [*sittliche Gesetz*] est suffisant ; mais comment cette supposition même est possible, c'est ce qui ne se laissera jamais apercevoir d'aucune raison humaine [1].

Kant établit une analogie : il s'agirait, dans la philosophie pratique comme dans la philosophie théorique, de savoir comment une proposition synthétique *a priori* est possible. Or, en ce qui concerne la légitimité de l'impératif catégorique, il n'y aurait nul doute : nous serions arrivés à une « conviction » de sa validité.

Nous y serions parvenus non par une démonstration mais grâce à une certaine supposition. Pour Kant, *l'absence d'une preuve ne constitue pas un manque*. C'est là le point qu'on méconnaît d'habitude. On raisonne de la façon suivante : s'il n'y a pas de preuve de la réalité de la loi, c'est qu'il manque une telle preuve ; cette réalité n'a pas pu être démontrée. Mais tout indique que, aux yeux de Kant, *il n'y a pas lieu* de fournir une telle preuve.

De toute évidence, un présupposé incertain ne peut pas constituer une base pour établir, de façon satisfaisante, la légitimité d'un principe quelconque. Mais le passage indique qu'il ne s'agit pas d'une supposition habituelle : il serait *nécessaire* de l'admettre. Reste à savoir en quoi consiste cette nécessité. C'est là l'enjeu principal de la déduction esquissée dans les *Fondements* que nous allons examiner dans le chapitre suivant.

1. GMS, Ak IV, 461.

CHAPITRE X

LIBERTÉ ET CONSCIENCE DE SOI

La thèse fondamentale dont dépend la déduction de la liberté est abruptement introduite au début de la troisième partie des *Fondements*, dans un des plus célèbres passages de l'ouvrage :

> Je soutiens qu'à tout être rationnel, qui a une volonté, nous devons attribuer nécessairement aussi l'idée de la liberté, et qu'il n'y a que sous cette idée qu'il puisse agir. Car dans un tel être nous concevons une raison qui est pratique, c'est-à-dire qui est douée de causalité par rapport à ses objets. Or il est impossible de concevoir une raison qui en pleine conscience recevrait pour ses jugements une direction du dehors ; car alors le sujet attribuerait, non pas à sa raison, mais à une impulsion, la détermination de sa faculté de juger. Il faut que la raison se considère elle-même comme l'auteur de ses principes, indépendamment de toute influence étrangère ; par suite, comme raison pratique ou comme volonté d'un être rationnel, elle doit se considérer elle-même comme libre ; c'est-à-dire que la volonté d'un être rationnel ne peut être une volonté lui appartenant en propre que sous l'idée de la liberté, et qu'ainsi une telle volonté doit être, au point de vue pratique, attribuée à tous les être rationnels [1].

D'une part, Kant situe sa thèse dans le registre de la supposition : « la liberté doit être supposée... », « nous devons attribuer... ». D'autre part, il insiste sur la nécessité de cette supposition : on attribue cette idée *nécessairement* aux êtres rationnels, elle *doit* être admise, etc. Reste alors à savoir pourquoi, si la supposition est nécessaire, Kant n'est pas prêt à admettre tout simplement que les êtres rationnels *sont* libres.

Nombre d'auteurs soutiennent que ce passage ne touche pas à l'enjeu décisif de la troisième partie des *Fondements*, que la thèse

1. GMS, Ak IV, 448. Traduction modifiée.

présentée à cet endroit a une fonction purement propédeutique [1]. La thèse serait une conditionnelle dont il faudrait encore démontrer l'antécédente. Kant déclarerait : *dans la mesure* où nous sommes des êtres rationnels dotés d'une volonté, nous devons nous concevoir comme libres (et, partant, comme soumis à la loi morale). Encore faudrait-il savoir si nous sommes des êtres rationnels dotés d'une volonté. C'est pourquoi on insiste sur la subordonnée de la première phrase, « qui a une volonté ».

En effet, les remarques que Kant fait dans ce contexte ne semblent pas suffire pour étayer sa thèse ambitieuse. Comment le recours à la conception que nous avons de nous-mêmes pourrait-il suffire pour démontrer qu'il est nécessaire de supposer la liberté « comme propriété de la volonté des êtres rationnels » ? Une conception de soi peut de toute évidence s'avérer erronée. Qu'on se conçoive comme libre ne signifie guère qu'on le soit effectivement.

Cependant, tout indique que Kant croit avoir montré, déjà à cet endroit, qu'on doit tenir des êtres rationnels pour libres. Car la thèse principale est suivie d'une deuxième thèse dans laquelle Kant souligne la portée de la première, comme si on pouvait s'étonner de tout ce qui venait d'être démontré.

> Je dis donc : tout être qui ne peut agir autrement que *sous l'idée de la liberté* est par cela même, au point de vue pratique, réellement libre ; c'est-à-dire que toutes les lois qui sont inséparablement liées à la liberté valent pour lui exactement de la même façon que si sa volonté eût été aussi reconnue libre en elle-même et par des raisons valables au regard de la philosophie théorique [2].

1. Pour une telle interprétation, *cf.* notamment, H. Allison, *Kant's Theory of Freedom*, *op. cit.*, p. 214-229 ; K. Ameriks, « Kant's *Groundwork* III Argument Reconsidered », in *Interpreting Kant's Critiques*, Oxford, Clarendon Press, 2003 ; P. Guyer, « Problems with Freedom : Kant's Argument in *Groundwork* III and its Subsequent Emendations », *in* J. Timmermann (ed.), *Kant's Groundwork of the Metaphysics of Morals : A Critical Guide*, *op. cit.* ; D. Schönecker, *Kant, Grundlegung III : Die Deduktion des kategorischen Imperativs*, *op. cit.*

2. GMS, Ak IV, 448.

On le voit, Kant met ici en relief toute la portée de son analyse. Celle-ci ne comporterait pas une véritable preuve, mais elle suffirait néanmoins pour montrer que la volonté est « réellement » libre. L'étalon permettant de mesurer son succès est une preuve dite théorique : Kant soutient en effet que le recours au point de vue pratique n'implique aucun sacrifice par rapport à une démonstration théorique.

L'enjeu est repris dans une note de bas de page :

> Cette méthode, qui consiste à n'admettre la liberté que sous la forme de l'*idée* que les êtres rationnels donnent pour fondement à leurs actions, suffit à notre dessein, et je l'adopte afin de pouvoir m'épargner l'obligation de démontrer aussi la liberté au point de vue théorique. Car alors même que la démonstration de la liberté resterait en suspens, les mêmes lois qui obligeraient un être réellement libre n'en vaudraient pas moins pour un être qui ne peut agir que sous l'idée de sa propre liberté. Nous pouvons donc ici nous délivrer du fardeau qui pèse sur la théorie [1].

Le recours au point de vue pratique permettrait de démontrer la légitimité, la *Gültigkeit*, des lois « qui obligeraient un être réellement libre » de la même manière que si elle avait été établie au point de vue dit théorique. En ce qui concerne le résultat, les deux preuves seraient en tout point équivalentes.

Si Kant souligne l'équivalence des résultats, c'est évidemment parce qu'on pourrait s'en étonner. En effet, si une preuve ne nous permet pas de *savoir* que les êtres rationnels sont libres, comme nous le permet une preuve théorique, en quel sens peut-elle établir la réalité de la liberté ? Est-il possible de montrer la réalité de la liberté tout en se « [délivrant] du fardeau qui pèse sur la théorie » ? Pour répondre à cette question, nous devons revenir sur la question du rapport à soi, laquelle resurgit ici dans le cadre d'une réflexion sur le point de vue pratique.

1. *Ibid.* Traduction modifiée.

Nous avons pu constater l'importance qui revient, dans les analyses kantiennes du rapport à soi, à la notion d'amour-propre. Notre amour-propre pourrait en tout instant nous jouer un mauvais tour et nous faire croire à tort que nous avons agi avec des intentions nobles. En effet, la *Selbstliebe* qui intéresse Kant n'est pas un amour de soi, un calcul cynique au service des intérêts personnels. Elle a déjà accompli la transformation que décrit La Rochefoucauld dans une célèbre maxime :

> Nous sommes si accoutumés à nous déguiser aux autres qu'enfin nous nous déguisons à nous-mêmes [1].

Kant recourt à cette idée d'amour-propre afin de radicaliser une certaine conception du rapport à soi, conception suivant laquelle le sujet est un observateur de ses propres intentions. D'après cette conception, notre rapport à nos propres intentions se caractérise par une certaine intimité, laquelle permet de distinguer ce rapport de celui qu'autrui entretient avec ces mêmes intentions. Celles-ci peuvent faire l'objet d'une épreuve dont autrui est exclu. Mais pour la perspective en question, cet examen introspectif porte sur des donnés auxquels le sujet entretient un rapport de spectateur. Le sujet occupe une position d'extériorité par rapport à ses propres desseins.

Dans les analyses de la troisième partie des *Fondements*, Kant revient sur cette conception du rapport à soi.

> Même l'homme, d'après la connaissance qu'il a de lui-même par le sens intime, ne peut se flatter de se connaître lui-même tel qu'il est en soi. Car, comme il ne se produit pas en quelque sorte lui-même et qu'il acquiert le concept qu'il a de lui non pas *a priori*, mais empiriquement, il est naturel qu'il ne puisse également prendre connaissance de lui-même que par le sens intime, en conséquence de l'apparence phénoménale de sa nature et par la façon dont sa conscience est affectée [2].

1. François de la Rochefoucauld, *Maximes et réflexions diverses*, Paris, Flammarion, 1999, § 119.

2. GMS, Ak IV, 451. Traduction modifiée.

Que nous possédions un « sens intime » ne signifie pas, pour Kant, que nous nous connaissons nous-mêmes « tel que nous sommes en soi ». Loin d'être le garant d'une connaissance de soi, le sens intime ne nous fournit qu'avec des *signes* d'une réalité qui se dérobe à la connaissance. Tout en étant intime, ce sens n'en demeure pas moins un sens ; et il est incapable, par là même, de nous fournir une véritable connaissance de nous-mêmes.

Même si le sentir en question est particulier, il nous place, par le simple fait d'être un sentir, dans un certain rapport vis-à-vis de notre propre vouloir. C'est pourquoi Kant insiste dans ce contexte sur l'idée que les conditions dont dépend, à ses yeux, toute connaissance sont aussi nécessaires pour la connaissance fournie par un sens intime. Lorsque nos propres dispositions deviennent l'objet d'une connaissance, les mêmes limitations s'appliqueraient que lorsque nous saisissons un objet sensible. En assimilant le sens intime à la sensibilité en général, Kant tâche de mettre en évidence, par contraste, la particularité d'un *autre* type de rapport à soi, lequel se situerait dans un registre qui n'est pas celui de la connaissance théorique.

Dans les analyses de la troisième partie des *Fondements*, cette distinction de registres est opérée à l'aide de la notion de point de vue. L'effort pour saisir la particularité d'un certain type de rapport à soi s'appuie sur une opposition entre un point de vue dit théorique et un point de vue dit pratique. Cette distinction est, à son tour, élucidée à l'aide de celle entre le monde sensible et le monde intelligible. Lorsque nous considérons nos engagements d'un point de vue théorique, nous les situons dans le monde sensible et, par là même, nous les soumettons à toutes les conditions auxquelles sont soumis les objets du monde sensible.

D'où l'impossibilité de connaître le vouloir « tel qu'il est en soi ». Comme la connaissance est pour Kant la saisie caractéristique du point de vue théorique, il dira que nous ne pouvons pas *connaître* notre vouloir en lui-même. Ces déclarations tirent leur sens d'un contraste : il serait possible de se rapporter d'une autre façon à sa propre volonté. Nous pouvons nous considérer non seulement comme des membres du monde sensible – comme un habitant de plus sur la terre – mais aussi comme des membres d'un monde intelligible. D'un tel point de vue, nous serions « immédiatement conscients » de ce qui est en nous « pure activité » [1].

Si nous sommes « immédiatement conscients » de quelque chose en nous, ce n'est pas parce que nous possédons après tout un sens interne qui nous permet d'en prendre conscience de façon immédiate. Ce serait là admettre l'existence d'une intuition intellectuelle, d'une saisie d'un donné indépendant qui est délestée des contraintes qui pèsent sur toute saisie d'un donné. Le passage cité ci-dessus donne des indications précieuses sur la particularité de cette conscience immédiate. Il en présente la particularité par contraste. L'homme « ne peut se flatter de se connaître lui-même tel qu'il est en soi » parce qu'il « ne se produit pas en quelque sorte lui-même ». Si Kant considère qu'au point de vue pratique, nous avons un autre type d'accès à nous-même, c'est parce qu'il admet qu'en un certain sens, à ce niveau, nous nous « produisons » nous-mêmes. En effet, nous serions capables de nous placer dans un monde intelligible parce que la raison serait « spontanéité pure » (*reine Selbsttätigkeit*) [2].

Lorsque je m'engage à faire quelque chose, je dois adopter une certaine position subjective, laquelle contribue à « produire » mon engagement. Certes, le recours au terme « produire » soulève des difficultés, car il suggère que le sujet se situe dans une position d'extériorité par rapport à son propre engagement (celui qu'il « produirait »), alors qu'il s'agit précisément d'identifier un rapport au vouloir qui ne fait pas de celui-ci un donné auquel le sujet se rapporte en tant qu'observateur. Il convient néanmoins d'accentuer l'importance de ce terme parce qu'il indique dans quel registre se situe le rapport en question : le registre de l'agir. Au point de vue de l'acte de promettre, il ne peut pas y avoir des doutes quant à la réalité d'une promesse. Non parce que l'existence de celle-ci est certaine, mais parce qu'à ce niveau elle doit être présupposée.

1. GMS, Ak IV, 451. Traduction modifiée.
2. GMS, Ak IV, 452.

On peut évidemment se rapporter à ses propres engagements en tant que spectateur, comme s'ils étaient les engagements d'autrui. Mais cela a des conséquences pour l'efficacité et pour la réalité de ces engagements. Si je prends mon engagement pour une indication de ce que je ferai, on craindra que je n'accomplisse pas ce à quoi je me suis engagé. Chaque fois que Hamlet se rappelle sa promesse de se venger du meurtre de son père, on se doute que son engagement est creux. Car en le prenant pour un fait et en essayant de s'appuyer sur lui, Hamlet le dépouille de ce qui, en principe, en fait un engagement, à savoir que lui, Hamlet, le *tient* pour son engagement[1].

Une longue tradition stoïcienne a pu insister sur ce caractère autodéterminant de la volonté. Dans *Cinna*, Auguste pense trouver dans sa volonté le dernier rempart de son indépendance :

> En est-ce assez, ô ciel, et le sort, pour me nuire,
> A-t-il quelqu'un des miens qu'il veuille encore séduire ?
> Qu'il joigne à ses efforts le secours des enfers,
> Je suis maître de moi comme de l'univers.
> Je le suis, je veux l'être[2].

On trouve ici le rapport qui a autant intéressé le stoïcisme, celui entre ce que je veux et ce que je suis. Dans certaines circonstances, il suffit que je veuille être quelque chose pour l'être effectivement. « Il faut vouloir, et la chose est faite. »[3]

Il n'est pas certain que les réflexions de Kant s'inscrivent dans cette tradition. Car pour lui le rapport en question, entre ce que je veux et ce que je suis, est de l'ordre d'une exigence. Dans la perspective qui est celle de Kant, la volonté porte en elle une certaine demande, celle d'adopter une certaine position par rapport à soi-même. C'est cette demande qui est au centre des analyses sur la liberté.

1. Sur ce point, voir les analyses dans R. Moran, *Autorité et aliénation. Essai sur la connaissance de soi*, trad. fr. S. Djigo, Paris, Vrin, 2014, chap. 5.

2. P. Corneille, *Cinna*, acte V, scène 3, vs. 1696-1700.

3. Épictète, *Entretiens* IV, 9, 16, dans P.-M. Schuhl (éd.), *Les stoïciens*, Paris, Gallimard, 1999, p. 1091.

En effet, si un sujet s'est engagé à faire quelque chose, il doit considérer cet engagement comme ayant été « déterminé par lui-même ». C'est lui-même, et non une instance externe, qui doit « rendre vrai » le fait qu'il s'est ainsi engagé. Voilà l'enjeu principal des remarques selon lesquelles un être rationnel devrait nécessairement « se considérer comme libre ». Il doit se « considérer comme l'auteur de ses propres principes, indépendamment de toute influence étrangère »[1] parce que sinon le vouloir en question ne serait pas réellement *son* vouloir. En effet, Kant finit son explication en soulignant l'importance de ce possessif : « la volonté d'un être rationnel ne peut être une volonté lui appartenant en propre [*ein eigener Wille sein*] que sous l'idée de la liberté [...]. »[2]

Si cette thèse permet de prouver qu'au point de vue pratique le sujet est réellement libre (*ist wirklich frei*), c'est parce que la conception que le sujet a de lui-même, comme étant libre, n'est pas extérieure à ses engagements mais, en un certain sens, est constitutive de ceux-ci. Ce lien interne permet à Kant de faire une transition surprenante de la thèse selon laquelle, au point de vue pratique, nous devons *nous considérer comme* libres, à la thèse selon laquelle, au point de vue pratique, nous *sommes* réellement libres. « Considérer comme » (*betrachten als*, *ansehen als*) ne renvoie pas à une croyance, plus ou moins implicite, qui accompagnerait l'engagement. Ce syntagme renvoie au contraire à une condition qui doit être satisfaite pour qu'un engagement soit celui *de* tel ou tel sujet. Si un sujet s'est réellement engagé, il aura admis, au point de vue de cet engagement, qu'il est lui-même l'auteur de l'engagement. Au point de vue pratique, il sera effectivement libre.

À la fin de la déduction, Kant décrit de la façon suivante la transition en question :

> Il n'est pas seulement fort *possible* (comme peut le montrer la philosophie spéculative) de supposer la liberté de la volonté (sans tomber en contradiction avec le principe de la nécessité naturelle

1. GMS, Ak IV, 448.
2. *Ibid.* Traduction modifiée.

> dans la liaison des phénomènes du monde sensible), mais encore il est *nécessaire*, sans autre condition, à un être qui a conscience de sa causalité par la raison, par conséquent d'une volonté (distincte des désirs) de l'admettre pratiquement, c'est-à-dire en Idée, sous toutes ses actions volontaires, à titre de condition [1].

On s'est beaucoup interrogé sur la question de savoir si, chez Kant, la volonté est libre par définition. Des passages comme celui-ci semblent justifier une réponse par l'affirmative. Il n'est toutefois pas certain que la question ait l'importance qu'on lui accorde d'habitude. Cette interrogation, cherchant à déterminer si, oui ou non, la volonté *est* libre, se situe dans un registre théorique. Si son importance semble évidente, c'est parce qu'on présuppose que la question de la liberté doit se situer dans ce registre (ou nous sommes libres, ou nous ne le sommes pas). Or, à des endroits comme celui que nous venons de citer, Kant tâche de situer la question dans un registre qui n'est pas celui de la connaissance ou de la théorie.

Ce changement de perspective est un corollaire de la conception kantienne de la volonté. En effet, c'est là un autre biais par lequel on peut aborder la thèse centrale de la troisième partie des *Fondements*. Il s'agit pour Kant de montrer que la notion de volonté doit être comprise à partir de l'activité effective qu'est le vouloir, et non le contraire. Ce point est souligné à plusieurs endroits tout au long des analyses de la troisième partie :

> L'être rationnel se compte comme intelligence en tant que relevant du monde intelligible, et ce n'est que comme cause efficiente appartenant à ce monde qu'il nomme sa causalité une *volonté* [2].

À de tels endroits, Kant définit la volonté comme une capacité de se compter comme une intelligence et, partant, de se situer dans le monde intelligible. On remarquera que Kant évite de dire, à de tels endroits, que nous *possédons* une volonté : il évite le registre de la possession parce que la volonté est d'abord un point de vue associé à une certaine activité, celle consistant à s'engager.

1. GMS, Ak IV, 461.
2. GMS, Ak IV, 453. Traduction modifiée.

En un certain sens, cette activité est libre par définition. La volonté d'un sujet n'est *sa* volonté que s'il se considère « comme l'auteur de ses propres principes, indépendamment de toute influence étrangère » [1]. Mais ce recours au registre de la prédication est trompeur. La liberté est la dimension propre à ce que Kant appelle le point de vue pratique : elle est ce qui nous permet d'*introduire* l'idée d'une faculté nommée « la volonté ».

La liberté n'appartient pas autant au domaine de la prédication, c'est-à-dire de l'adjectif, qu'à celui de l'adverbe : elle a trait à une certaine *façon* d'agir. Ce déplacement est palpable même au niveau de la grammaire : dans les analyses en question, la liberté figure en général non comme adjectif mais comme adverbe. Certes, lorsqu'il s'agit de présenter une certaine interrogation traditionnelle, Kant emploie des formulations adjectivales. « La liberté doit être supposée comme propriété de la volonté de tous les êtres rationnels », déclare-t-il dans l'intitulé de la section en question. Mais dès qu'il s'agit de préciser pourquoi on doit admettre une telle supposition, la liberté acquiert une valeur adverbiale. Elle qualifie la façon dont on accomplit certaines activités, celles appartenant à la sphère de l'engagement.

Nous l'avons vu, le registre adverbial a trait à ce que Kant appelle « conscience », et il n'y a donc rien de surprenant à ce qu'il formule sa thèse en recourant à la notion de conscience. Un acte peut constituer un engagement seulement si le sujet a une certaine conception de soi, s'il se conçoit *comme* un sujet qui s'engage. C'est cette conception de soi que Kant appelle une conscience. Nous retrouvons ici, par un autre biais, la transition surprenante qui, dans la *Critique de la raison pratique*, conduit à la doctrine du *Faktum* de la raison.

En effet, comme la loi morale est censée saisir l'exigence à laquelle nous sommes soumis lorsque nous nous concevons comme libres, Kant peut, après avoir introduit le *Faktum* de la raison, déclarer que la conscience de la loi *est* une conscience de la

1. GMS, Ak IV, 448.

liberté. Il annonce cette équivalence déjà au § 6, avant d'introduire le *Faktum*, en suggérant que la loi pratique inconditionnelle est simplement « la conscience de soi d'une raison pratique pure » et que cette dernière est « à son tour totalement identique au concept positif de la liberté »[1]. Ce point est rendu explicite au moment de la déduction : l'Analytique aurait établi que la raison pure peut être pratique, et elle l'aurait fait par un *Faktum* de la raison qui « ne fait qu'un » avec la conscience de la liberté de la volonté[2].

1. KpV, Ak V, 29.
2. KpV, Ak V, 42.

CHAPITRE XI

L'IMMANENCE DE LA LOI ET LE PROBLÈME DE LA SUBJECTIVITÉ

Dans le cadre de sa réflexion sur notre conscience de la liberté, Kant fait remarquer que, dans le monde intelligible projeté par la loi morale, il n'y aurait pas de faux témoignages et tout un chacun ne parlerait que sincèrement.

> Lorsque la maxime d'après laquelle je suis résolu à porter un témoignage est examinée par la raison pratique, je considère toujours ce qu'elle serait si elle valait comme loi universelle de la nature. C'est une évidence que, sous cette forme, elle contraindrait chacun à la sincérité [*Wahrhaftigkeit*]. Car il n'est pas compatible avec l'universalité d'une loi de la nature de faire valoir des déclarations comme probantes et cependant aussi comme délibérément fausses [1].

Il n'est pas surprenant que de nombreux auteurs aient trouvé ce raisonnement peu convaincant. Mill le qualifie même de grotesque :

> Mais quand il commence à déduire de ce précepte l'un quelconque des devoirs réels de la moralité, il échoue, de manière presque grotesque, à montrer qu'il puisse exister la moindre contradiction ou impossibilité logique (pour ne pas dire physique) à ce que tous les êtres rationnels adoptent des règles de conduite les plus outrageusement immorales. Tout ce qu'il montre, c'est que les *conséquences* de leur adoption universelle seraient telles que nul ne choisirait de les encourir [2].

En effet, à première vue il est difficile de voir pourquoi une universalisation du mensonge et de l'imposture impliquerait une contradiction. Il n'est pourtant pas contingent que Kant recoure

1. KpV, Ak V, 44. Traduction modifiée.
2. J. S. Mill, *L'utilitarisme*, trad. fr. C. Audard, Paris, P.U.F., 1998, p. 26.

à la sincérité au moment d'illustrer l'autorité de la loi morale. Car cette autorité, telle que Kant la délimite à l'aide de la notion d'universalité et, plus précisément, comme nous l'avons vu, de légalité universelle (*Gesetzmäßigkeit*), entretient un lien étroit avec la sincérité. L'exigence d'universalisation que comporte la loi morale est, en un certain sens, une exigence de sincérité. Non une exigence de sincérité envers autrui, mais une exigence de sincérité envers soi-même.

En effet, par sa conception de la loi morale, Kant tâche d'identifier une exigence qui est « immanente » à la volonté. On s'est déjà attardé, dans les chapitres V et VI, sur cette thèse d'immanence dont tire son origine la conception kantienne de l'autonomie. Nous avons montré qu'elle porte sur le statut des exigences que nous devons satisfaire *afin* de pouvoir nous engager. Contrairement à ce que le terme « la loi » peut suggérer, la loi morale n'est pas une règle parmi d'autres. Pour que la loi morale soit inconditionnelle au sens kantien du terme, il faut qu'elle soit une exigence à laquelle on se soumet en amont de tout engagement, non en aval. Or, si nos analyses ont jeté la lumière sur le sens de la thèse d'immanence et sur la figure de l'autonomie, elles ont aussi soulevé plusieurs difficultés. Nous avons examiné certaines d'entre elles, mais nous n'avons pas abordé en détail la plus importante, laquelle fera l'objet de ce chapitre et du suivant.

Il existe en effet le danger que la loi ne soit, en un certain sens, trop immanente à la volonté. Si la loi est associée trop étroitement à la volonté, on s'ôte les moyens pour rendre compte de la possibilité d'enfreindre cette loi. Nous avons déjà retrouvé cette difficulté, sous une forme légèrement différente, dans le cadre de notre analyse de l'impératif hypothétique. Dans ce contexte, le danger prend la forme suivante : si on considère comme constitutif de l'engagement le recours aux moyens permettant d'obtenir ce à quoi on s'est engagé, on exclut d'avance la possibilité d'enfreindre l'impératif hypothétique. On ne se sera engagé que lorsqu'on aura fait appel aux moyens nécessaires, c'est-à-dire lorsqu'on aura satisfait la condition exprimée par l'impératif hypothétique.

Un problème semblable ressurgit au niveau de l'impératif catégorique. Ce problème constitue en effet la source d'une objection bien connue qui s'appuie sur le lien étroit qu'établit Kant entre la liberté et la loi morale [1]. Si, en tant que libres, nous appartenons au monde intelligible et si, en tant que membres de ce monde, nous obéissons inévitablement à la loi morale, nous pouvons seulement enfreindre la loi en tant que membres du monde sensible. Ce qui revient à dire : nous ne pouvons transgresser la loi que lorsque nous ne sommes pas libres. Cela signifie à son tour que cette infraction n'en est pas vraiment une parce qu'elle n'est pas le résultat d'un acte spontané [2].

Cette objection soulève plusieurs enjeux. Elle touche à la décision de donner à la loi la forme d'une prescription. Nous l'avons déjà fait remarquer : l'exigence que Kant tâche de saisir par son idée d'une loi morale ne se laisse pas assimiler sans difficultés à une injonction. Nous n'occupons pas la position d'extériorité vis-à-vis de cette exigence qui est requise pour faire de celle-ci une prescription. Au niveau des prescriptions, l'obéissance et l'infraction sont des alternatives complémentaires : ni l'une ni l'autre n'a de conséquences pour le statut de l'action par laquelle on transgresse, ou par laquelle on obéit à, la prescription en question. Mais au niveau de la loi morale, une transgression a de telles conséquences : lors d'une infraction, l'acte échoue ou « tourne mal » *en tant qu'acte*.

En effet, la question de l'immanence de la loi entretient un lien étroit avec la question de l'infraction, et une analyse de celle-ci est

1. *Cf.* par exemple, H. Allison, *Kant's Groundwork for the Metaphysics of Morals : A Commentary*, *op. cit.*, p. 296-300 ; D. Schönecker, *Kant, Grundlegung III : Die Deduktion des kategorischen Imperativs*, *op. cit.*, p. 188-194 ; A. Wood, *Kantian Ethics*, Cambridge, Cambridge University Press, 2007, p. 123-141.

2. Le reproche est déjà formulé du vivant de Kant, notamment par Reinhold, qui en même temps propose sa propre solution du problème. *Cf.* ses *Briefe über die Kantische Philosophie*, vol. 2, Leipzig, Goerg, Joachim Göschen, 1972, p. 262-308. C'est probablement à Reinhold que Kant fait référence dans un passage de la *Métaphysique des mœurs* auquel nous reviendrons (MS, Ak VI, 225-226). En ce qui concerne ce débat, voir G. Prauss, *Kant über Freiheit als Autonomie*, Francfort, Klostermann, 1983, p. 60-115.

un autre biais par lequel on peut aborder le problème de savoir en quel sens la loi émane de la volonté.

On doit situer tout cet enjeu par rapport aux analyses de la volonté et de l'engagement présentées au départ de notre étude. L'effort pour délimiter la réalité de la volonté est un effort pour identifier un registre où il existe une obéissance et une infraction dignes de ce nom. Il conduit Kant à distinguer entre volonté et passion. La passion ne nous engage à rien : si je souhaite quelque chose mais ne fais pas le nécessaire pour l'obtenir, je n'aurai pas enfreint une contrainte quelconque. On peut évidemment « importer » des normes de l'extérieur et parler, par rapport au souhait aussi, d'infraction ou d'obéissance. Mais ces normes seront conventionnelles. La différence décisive par rapport à la volonté consiste en ceci que, lorsque je veux obtenir une chose, je m'engage à l'obtenir.

La vertu au sens aristotélicien est, remarquons-le, elle aussi, exclue du registre de la volonté. Pour Kant, la perspective aristotélicienne est même le paradigme d'une pensée incapable de rendre compte d'une nécessité pratique objective. Cette perspective rabattrait l'accomplissement de la loi sur une simple conformité extérieure et, partant, assimilerait la fidélité à l'esprit de la loi à une conformité avec sa lettre. Agir vertueusement, c'est agir sur la base d'une disposition acquise et donc, en dernière analyse, agir sur la base d'une inclination. Une inclination vertueuse sera le garant d'une conduite qui est conforme à la loi, mais cette conformité sera dépourvue de la nécessité qui caractérise un accomplissement digne de ce nom.

On objectera peut-être que c'est une erreur d'assimiler la vertu, au sens aristotélicien, à une sorte d'inclination. La vertu, insistera-t-on, est la capacité de reconnaître *dans des contextes concrets* ce qu'il faut faire ; elle est une sensibilité au particulier. La perspective qui raisonne en termes de vertu ne situe donc pas la valeur morale au niveau de la conduite effective : ce qui compte, dans une telle perspective, ce n'est pas l'acte mais la disposition, la *hexis*, à faire le bien. La marque de l'homme vertueux, du *spoudaios* ou du *phronimos*, n'est pas une certaine conduite, mais une certaine *capacité*. En effet, nombre d'auteurs considèrent, comme saint Augustin, que la vertu n'est rien d'autre que la bonne volonté : *virtus* est *bonus usus voluntatis liberum arbitrium* [1].

Or, le recours à la sensibilité ne peut pas résoudre le problème que pose, pour Kant, l'accomplissement de la loi. Certes, un accomplissement qui se fonde sur une disposition vertueuse est, en un certain sens, nécessaire. Une telle disposition garantit, par définition, une conformité avec la loi. Mais ce n'est pas là la nécessité d'un véritable accomplissement. Nous retrouvons ici le thème principal de la première partie des *Fondements*. Le caractère est le dépositaire d'une certaine nécessité, bien sûr, et celui du *spoudaios* garantit une conduite conforme à la loi. Mais le caractère est un don de la nature : il est une disposition avec laquelle nous nous retrouvons, dont nous sommes dotés de façon plus ou moins contingente.

Si Kant recourt à l'idée d'un don de la nature, c'est non seulement pour mettre en évidence que nos dispositions ont une genèse, mais aussi pour opérer une certaine distinction entre « nos dispositions » et « nous ». La notion de volonté s'inscrit en effet dans un effort pour déterminer *qui* peut être le sujet d'un véritable accomplissement de la loi. Cette notion est en effet couplée à une tentative de cerner la subjectivité. Si Kant considère que la valeur morale d'une personne ne peut pas dépendre de son caractère, c'est surtout parce qu'il situe la subjectivité dans un registre qui n'est pas celui du caractère. Sa décision de séparer les sphères de la morale et du caractère s'explique en dernière analyse par sa conception du caractère, et par la différence qu'il admet entre caractère et subjectivité, et non par sa conception de la valeur.

Or, comme le terme « caractère » a fini par être rapproché de la notion de subjectivité, Kant se réclame de lui. Il lui donne un sens particulier qui indique clairement où il situe la subjectivité – ou, du moins, où il ne la situe pas. Il oppose le caractère au tempérament

1. Augustin, *Le libre arbitre*, dans *Les Confessions, précédées de : Dialogues philosophiques*, Paris, Gallimard, 1998, section II.

et aux talents qui, eux, seraient des qualités comme « le courage, la décision, la persévérance » d'une part, et « l'intelligence, la finesse, la faculté de juger » de l'autre[1]. Ce sont là, de toute évidence, des traits de caractère. Kant cherche en effet à délimiter le registre de l'accomplissement en faisant abstraction du registre dans lequel se situent les traits de caractère.

Les réflexions de la première et de la troisième partie des *Fondements* entretiennent en effet un rapport étroit les unes avec les autres : la tentative de délimiter le registre de la volonté se confond avec la tentative d'identifier le sujet d'un accomplissement de la loi. Si le caractère ne peut pas être le porteur de la valeur morale, d'un véritable accomplissement de la loi, c'est parce que les traits de caractère n'appartiennent pas au registre de la subjectivité. Il ne suffit pas d'agir avec telle ou telle disposition vertueuse ; pour pouvoir obéir à la loi, nous devons aussi satisfaire une certaine condition garantissant que « nous y sommes ». C'est ce versant de sa réflexion que Kant met en avant au moment d'aborder la justification de la loi morale dans la troisième partie des *Fondements*.

Par sa notion de volonté, Kant cherche en effet à identifier ce qui est propre au point de vue en première personne. S'il nie que nous puissions connaître nos mobiles et nos desseins, il admet qu'au point de vue pratique nous entretenons un rapport particulier avec ces mobiles et ces desseins. Nous n'avons aucune connaissance de nos propres intentions, mais nous sommes toutefois « immédiatement conscients » d'elles. Cette conscience ne s'explique pas par un sens intime mais par la spontanéité de la subjectivité.

1. GMS, Ak IV, 393.

Chapitre XII

L'ENVERS DE LA LOI

Il est significatif que, dans ses analyses de l'accomplissement de la loi, Kant s'intéresse à l'accomplissement mais non à la transgression. Car, comme nous l'avons souligné, ses analyses portent sur notre rapport à la loi en général. Si Kant met en évidence les difficultés auxquelles on fait face en essayant d'accomplir la loi, ce n'est pas uniquement pour distinguer entre le vrai et le faux accomplissement. Il s'agit de cerner un certain registre, celui de l'accomplissement *et* de l'infraction. Aux yeux de Kant, il existe le danger qu'il n'y ait pas un tel registre, que tout rapport à une norme soit de l'ordre de la convention et qu'il n'y ait donc ni accord ni désaccord digne de ce nom.

Les deux cas de figure soulèvent cependant des enjeux différents. L'analyse du « faux accomplissement » permet de mettre en évidence à quel point la loi est exigeante, combien il est difficile de l'accomplir. Dans ce contexte, il est facile de mettre en relief tout ce qui sépare la volonté, c'est-à-dire la subjectivité, des actes extérieurs. Plus les difficultés d'accomplir la loi sont grandes, plus les différences entre la volonté et l'acte deviennent apparentes. Les exigences de la loi sont aussi les droits de la subjectivité : en relevant les premières, on relève les derniers.

L'analyse de l'infraction est, à cet égard, assez différente. Elle doit envisager la possibilité que la loi soit moins exigeante qu'on ne le croit. Certes, on peut, dans ce contexte aussi, mettre en évidence l'écart entre la volonté et l'acte. C'est ce que fait Locke dans le passage que nous avons examiné à la fin du chapitre IV. Dans son effort pour montrer que la conscience (*consciousness*) d'un homme est l'étalon permettant de déterminer si oui ou non il est coupable, Locke évoque le cas d'un ivrogne qui est condamné à tort pour avoir commis un acte dont il n'avait aucune conscience au moment de l'accomplir. Ce cas de figure est évoqué dans le cadre d'une tentative de distinguer entre la volonté et l'acte, entre l'esprit et la lettre de la loi. Mais Locke lui-même fait remarquer à quel point ce cas de figure est différent d'un « faux accomplissement ». On comprendrait que l'ivrogne en question soit condamné par la législation humaine, qui ne peut pas accéder à la conscience d'un homme, parce que l'ivrogne a contre lui le fait que constitue son acte.

En effet, ce cas de figure nous oblige à envisager la possibilité que la subjectivité soit elle aussi exposée, à un certain niveau, aux vicissitudes du monde. On peut évidemment essayer de montrer que cette dépendance n'est qu'une apparence ; ce faisant, on admet un gouffre entre la subjectivité et ce qui lui est externe. (Kant insistera, par exemple, que « la liberté de la volonté [*Willkür*] est d'un caractère tout à fait particulier, puisqu'elle ne peut être déterminée à une action par aucun mobile, *à moins que l'homme ne l'incorpore dans sa maxime* »[1]. Nous y reviendrons.) Mais le traitement de cette question soulève inévitablement des difficultés qu'on peut contourner plus facilement dans l'analyse du « faux accomplissement ». On ne peut pas, dans l'examen de ce cas de figure, mettre en relief les exigences de la loi et, partant, les privilèges de la subjectivité ; on doit au contraire admettre que la personne peut être exonérée parce que la loi, dans son caractère spirituel, est moins exigeante qu'elle ne semble. Dans l'analyse d'une telle sorte de scénario, l'effort pour séparer la volonté de l'acte ne passe pas par une mise en évidence de la spontanéité.

Dans les *Fondements*, au début des analyses portant sur l'accomplissement de la loi, il est palpable que Kant évite les enjeux que soulève l'infraction. Au moment d'aborder l'idée d'un acte accompli par devoir, il explique pourquoi il se concentrera sur un certain cas de figure :

1. RGV, Ak VI, 23-24. Traduction modifiée.

> Je laisse ici de côté toutes les actions qui sont au premier abord reconnues contraires au devoir, bien qu'à tel ou tel point de vue elles puissent être utiles ; car pour ces actions jamais précisément la question ne se pose de savoir s'il est possible qu'elles aient eu lieu *par devoir*, puisqu'elles vont même contre le devoir. [...] Il est bien plus malaisé de marquer cette distinction [entre l'action conforme au devoir et celle accomplie par devoir] dès que l'action est conforme au devoir, et que par surcroît encore le sujet a pour elle une inclination *immédiate* [1].

Comme s'il était évident qu'ils ne peuvent pas constituer un accomplissement de la loi, Kant met d'emblée à l'écart les actes qui sont « au premier abord reconnus contraires au devoir ». Il n'y a là pourtant rien d'évident. L'objectif principal de l'analyse est précisément de distinguer entre apparence et réalité. Pourquoi ne pourrait-il pas y avoir des actes accomplis par devoir qui sont « au premier abord reconnus contraires au devoir » ? Il se pourrait, après tout, qu'un certain accomplissement ne se présente comme tel. Pourquoi ne peut-on pas tenir compte, dans un tel cas de figure, des circonstances particulières de l'action ?

Même s'il avait opéré la distinction entre une véritable infraction et une infraction seulement apparente, Kant aurait facilement pu contourner la difficulté. Car, dans la perspective qui est la sienne, on peut, pour déterminer si une personne a transgressé la loi, se concentrer sur une seule question, celle de savoir si la personne a réellement adopté la maxime qu'elle semble avoir adopté. En un certain sens, toutes les excuses se valent parce qu'elles se réduisent à une seule, à savoir celle qui consiste à dire qu'on n'a pas adopté la maxime qu'on semble avoir adopté. En effet, on peut par ce biais, par une réflexion sur la place qu'occupent les excuses dans la perspective kantienne, identifier les conséquences majeures de la tendance consistant à contourner le scénario de l'infraction.

Kant peut évidemment admettre l'importance qu'ont les excuses pour autrui. Lorsqu'une personne n'est pas à même de s'acquitter de sa dette, on pourra prendre en compte ses excuses au moment

1. GMS, Ak IV, 397.

de décider de sa culpabilité. Mais la fonction de ces excuses est purement indicative : si on tient compte d'une excuse, d'une explication du rôle qu'ont joué des circonstances imprévues, c'est seulement pour établir quelle était sa véritable maxime. Les détails de l'excuse n'ont aucune importance intrinsèque : ils comptent seulement dans la mesure où ils sont utiles pour déterminer l'identité de la maxime.

En effet, la spécificité d'une excuse ne devient significative que si on admet un lien interne entre l'agir et la volonté. Mais dans la perspective kantienne, il n'existe pas de tel lien : on peut, en principe, trancher en amont la question de savoir ce que le sujet cherchait à faire ; c'est là tout simplement la question de savoir quelle maxime il a adopté.

La critique d'une conception « cartésienne » du vouloir joue sans doute un rôle important dans l'argumentation de Kant. Comme nous l'avons montré, elle fait partie intégrante d'un effort pour dégager le registre propre à l'engagement et pour montrer que ce registre n'est pas celui de la connaissance. Les engagements, insiste Kant, ne peuvent pas faire l'objet d'une expérience introspective sans, par là même, être dépouillés de leur efficacité. Or, à un autre niveau, Kant procède *comme s*'il existait un étalon permettant d'établir *ex ante* quels sont les desseins et les intentions d'un sujet. Ce versant des analyses se cristallise surtout dans sa notion de maxime. Cette notion repose sur la possibilité de déterminer *ex ante*, sans prendre en compte les détails de l'action effective, quels sont les desseins d'un sujet. Kant procède comme s'il était possible d'accéder à la sphère de la subjectivité tout en faisant abstraction des actes effectifs.

La tension entre ces deux versants de sa position devient patente lorsque Kant introduit la distinction entre *Wille* et *Willkür*, entre la volonté et ce que la plupart de traducteurs appelle – nous verrons pourquoi – l'arbitre [1]. Cette distinction occupe une place particulière dans l'œuvre kantienne. Elle apparaît pour la première fois dans la

1. Sur cette distinction et son évolution, *cf.* H. Allison, *Kant's Theory of Freedom*, *op. cit.*, p. 129-136.

Critique de la raison pratique; dans la *Critique de la raison pure* et dans les *Fondements* le terme « *Willkür* » est employé à peine, et lorsqu'il l'est, ce n'est pas par opposition à la volonté. Même dans la deuxième *Critique*, la distinction n'est pas déployée de façon systématique; elle ne l'est pas en tout cas si on prend pour étalon certaines remarques que Kant fait dans son dernier ouvrage de philosophie pratique, la *Métaphysique des mœurs* :

> De la volonté procèdent les lois, de l'arbitre les maximes [1].

Kant opère, de toute évidence, une distinction entre deux dimensions de la volonté : la *Willkür* concerne l'adoption des maximes, le *Wille* concerne la contrainte des principes pratiques. Il existe en effet un rapport étroit entre cette distinction et une autre distinction que Kant opère de temps à autre, celle entre une volonté pure et une volonté empiriquement conditionnée. Le *Wille* est le versant de la volonté dont émane la loi morale, son versant « pur », la *Willkür* le versant dont émane la maxime et qui, dans son choix, est susceptible d'être influencée par la sensibilité.

Il s'avère cependant que la notion de *Willkür* n'occupe pas dans les analyses de Kant la place qu'on pourrait croire à s'en tenir à ces caractérisations préliminaires. Dans l'analyse la plus approfondie que Kant propose de la notion de *Willkür*, il refuse de rapprocher celle-ci de notre capacité à faire des choix [2]. Kant est sensible aux conséquences qu'aurait un tel rapprochement : s'il admettait l'existence d'une capacité à choisir « librement » des maximes, il réintroduirait une conception de la liberté que, tout au long de son œuvre critique et surtout par sa conception de la volonté, il a combattue : celle d'une *libertas indifferentiae*, la liberté comme « choix indifférent » entre des options diverses.

1. MS, Ak VI, 226.

2. Quant aux débats autour de la notion de *Willkür*, *cf.* G. Prauss, *Kant über Freiheit als Autonomie*, *op. cit.*, p. 83-89; P. Franks, *All or Nothing : Systematicity, Transcendental Arguments, and Skepticism in German Idealism*, Cambridge, Harvard University Press, 2005, p. 268-270.

C'est cette opposition qui conduit Kant à opérer une distinction entre, d'un côté, la liberté de la *Willkür* et, de l'autre, une liberté dite négative :

> La liberté de l'arbitre toutefois ne peut pas être définie par la faculté de choisir d'agir pour ou contre la loi (*libertas indifferentiae*) – comme certains ont sans doute tenté de le faire –, bien que l'arbitre comme *phénomène* en donne dans l'expérience des exemples fréquents. En effet nous ne connaissons la liberté (telle qu'elle nous est révélée en premier lieu par la morale) que comme une propriété *négative* en nous en ce sens que nous ne sommes *contraints* à agir par aucun principe de détermination sensible. Mais en tant que *noumène*, c'est-à-dire telle que, selon le pouvoir de l'homme considéré uniquement comme intelligence, elle est *contraignante* [*nötigend*] envers l'arbitre sensible, par conséquent d'après sa structure positive, nous ne pouvons aucunement la présenter *théoriquement*. Tout ce que nous pouvons fort bien voir, c'est que, bien que l'homme en tant qu'*être sensible* montre d'après l'expérience un pouvoir de choisir non seulement *conformément* mais encore *contrairement* à la loi, ce n'est pourtant point par-là que sa liberté pourrait être *définie* comme étant celle d'un *être intelligible*, parce que des phénomènes ne peuvent rendre compréhensible aucun objet suprasensible (au nombre desquels se trouve pourtant le libre arbitre) et que la liberté ne peut jamais consister, pour le sujet raisonnable, à pouvoir faire un choix qui entre en conflit avec sa raison (législatrice), même si l'expérience prouve assez souvent que cela arrive (ce dont nous ne pouvons toutefois comprendre la possibilité). […] Seule la liberté qui a rapport à la législation interne de la raison est à proprement parler un pouvoir; aucun pouvoir ne correspond à la possibilité d'enfreindre cette législation [1].

La position que Kant adopte ici est complexe. D'une part, il cherche à préserver la possibilité de l'infraction. Comme la loi morale est la loi de l'autonomie, il existe le danger que cette loi ne soit en quelque sorte trop immanente à la volonté et qu'une infraction ne soit impossible. Déjà à l'époque de Kant, de nombreux élèves donnent

1. MS, Ak VI, 226-7. Traduction modifiée.

voix à ce spectre d'une immanence qui rend impossible l'infraction. Or Kant n'admet jamais une telle perspective et, dans ce passage aussi, il cherche à préserver la possibilité d'une infraction qui soit digne de ce nom. La distinction entre *Wille* et *Willkür* contribue à cet effort en instaurant un écart entre l'adoption d'une maxime et l'obéissance à la loi.

Or, tout en insistant sur l'existence des infractions, Kant s'oppose à l'idée que le sujet peut *choisir* l'infraction. On a déjà évoqué les raisons de ce refus. S'il accordait au sujet la capacité de choisir une maxime qui est contraire à la loi, Kant remettrait en cause sa conception de la liberté. Les défenseurs de la *libertas indifferentiae* situent la question de la liberté dans un registre théorique. Ce faisant, ils commettent une erreur de catégorie : ils donnent une *definitio hybrida*, une *définition bâtarde* « qui présente le concept sous un faux jour »[1]. Plutôt que d'admettre l'idée d'une infraction choisie, Kant tire la conclusion que la capacité d'enfreindre la loi est un *Unvermögen*, qu'aucune capacité ne correspond à cette possibilité. Il prend soin d'insister sur *l'existence* des infractions, mais il soutient toutefois que ces infractions sont des situations « dont nous ne pouvons [pas] comprendre la possibilité ».

Ce n'est pas là le seul endroit où Kant avance cette thèse. On la retrouve dans la première section de la *Religion*. En effet, les analyses de cette première section ont pour objet principal la possibilité d'une infraction de la loi. La particularité de l'enjeu est soulignée au début du texte : il existerait de nombreux maux, mais l'objet des analyses serait seulement l'un d'entre eux, le mal proprement moral, celui qui résulte d'une transgression de la loi morale.

Comme dans la *Métaphysique des mœurs*, Kant souligne à cet endroit que le mal moral doit tirer son origine d'un acte libre : une transgression est seulement digne de ce nom si elle est commise librement. Si le mal ne résultait pas d'un « acte de liberté », « le bon ou le mauvais usage de l'arbitre de l'homme relativement à la loi

1. MS, Ak VI, 227.

éthique ne pourrait lui être imputé, et le bien ni le mal ne saurait en l'homme s'appeler moral »[1]. D'où le dilemme suivant :

> Le mal n'a pu provenir que du mal moral (et non des simples bornes de notre nature), et cependant la disposition originaire (que nul autre que l'homme n'a pu pervertir, si cette corruption doit lui être imputée) est une disposition au bien. Ainsi il ne se trouve pas pour nous de fondement compréhensible, à partir duquel nous pourrions saisir comment le mal moral aurait pu tout d'abord venir en nous[2].

Kant formule le dilemme en termes d'intelligibilité : il soutient que la possibilité d'une transgression est incompréhensible. Les avantages d'une telle stratégie sont évidents : elle lui permet de préserver la possibilité d'une véritable transgression sans l'obliger de trancher la question de savoir *comment* cette transgression est possible.

Or force est de constater que Kant ne peut pas se contenter d'une telle solution. Car la transgression soulève une difficulté qui est différente de celle que soulève la connaissance de la spontanéité en général. Si les actes de la volonté ne peuvent pas être connus, c'est parce qu'ils se situent dans un registre qui n'est pas celui de la connaissance. Cette impossibilité est le fruit d'un gouffre catégorial entre le point de vue théorique et le point de vue pratique : les actes de la volonté ne sont accessibles qu'au point de vue pratique et, à ce niveau, il ne peut pas être question de connaissance. Mais la difficulté que soulève l'infraction est d'un autre ordre. Elle concerne l'idée même d'un point de vue pratique.

Dans les passages cités, Kant recourt toujours au terme « *begreifen* » pour caractériser la compréhension à laquelle se dérobe la transgression de la loi. Comme s'il s'agissait d'une compréhension proprement théorique, appartenant au registre du *Begriff*. Mais, de toute évidence, le problème ne se situe pas là. Car la difficulté en question émerge au point de vue pratique et concerne uniquement celui-ci. Elle consiste en ceci que tout en étant libre et

1. RGV, Ak VI, 21.
2. RGV, Ak VI, 43.

prédisposée à obéir à la loi de la liberté – c'est la « prédisposition au bien » dont il est question dans le passage – la *Willkür* finit, dans quelques occasions, on ne sait pas comment, par adopter une maxime qui n'est pas celle qu'adopterait une *Willkür* qui est libre. La liberté de la *Willkür* se définit par l'obéissance à une norme que cette même *Willkür* est censée pouvoir enfreindre.

Dans le cadre de ces analyses au début de la *Religion*, on trouve en effet une des célèbres définitions de la liberté de la volonté :

> la liberté de la volonté [*Willkür*] est d'une structure bien particulière, puisqu'elle ne peut être déterminée à une action par aucun mobile, *à moins que l'homme ne l'incorpore dans sa maxime* (qu'il s'en soit fait une règle universelle, suivant laquelle il veut se conduire) ; c'est ainsi seulement qu'un mobile, quel qu'il soit, peut se maintenir au niveau [*zusammen bestehen mit*] de la spontanéité absolue de la volonté [*Willkür*] (de la liberté) [1].

Nous avons montré que, par de telles affirmations, Kant ne cherche pas à admettre l'idée d'une capacité à choisir des maximes. À ces endroits, il renvoie à une dimension essentielle de tout engagement, au rapport à soi que tout engagement implique. Pour que mon engagement en soit réellement un, il faut que je le « tienne pour » le mien, que je me considère comme l'auteur de cet engagement. Dès que je m'y rapporte comme s'il émanait d'une instance externe, il cesse d'être le mien – et, partant, il cesse d'être un véritable engagement. Évidemment, cette instance externe n'est pas nécessairement externe au point de vue physique : faire appel à mon caractère pour rassurer mon créancier que je repaierai ma dette, c'est aussi me rapporter à mon engagement comme s'il émanait d'une instance externe.

Si la transgression pose un tel problème, c'est parce que ce qui compte comme « mien », ce qui est *mon* engagement, est, dans la perspective que Kant finit par adopter, établi, et en principe déterminable, d'avance. Peut-être que je ne connais pas ma propre maxime, mais celle-ci établit d'avance ce qui est mon véritable

1. RGV, Ak VI, 23. Traduction modifiée.

engagement. D'où la métaphore de l'incorporation : ce qui compte comme mon engagement est fixé en amont de tout agir. Dans les difficultés que soulève la transgression de la loi se cristallisent les apories d'une perspective dans laquelle il est exclu, d'un point de vue pratique, que nous nous méconnaissions.

ŒUVRES DE KANT

Exception faite de la *Critique de la raison pure*, les œuvres de Kant sont citées d'après l'édition de l'Académie prussienne des sciences des *Gesammelte Schriften*, Berlin, De Gruyter, 2004.

Les références sont appelées par les lettres initiales du titre, suivie de l'abréviation « Ak », de la tomaison en chiffres romains, et de la pagination.

La première *Critique* est citée selon la pagination de la première et de la seconde édition, appelées respectivement par l'abréviation « A » et « B ».

APS	*Anthropologie au point de vue pragmatique*
BBGSE	*Remarques touchant les Observations sur le sentiment du beau et du sublime*
BGSE	*Observations sur le sentiment du beau et du sublime*
FPSG	*De la forme et des principes du monde sensible et du monde intelligible*
GMS	*Fondements de la métaphysique des mœurs*
IUG	*Idée d'une histoire universelle au point de vue cosmopolitique*
KpV	*Critique de la raison pratique*
KrV	*Critique de la raison pure*
KU	*Critique de la faculté de juger*
MS	*Métaphysique des mœurs*
OP	*Opus postumum*
P	*Prolégomènes à toute métaphysique future qui pourra se présenter comme science*
RGV	*La religion dans les limites de la simple raison*
SE	*Sur une découverte selon laquelle toute nouvelle critique de la raison pure devrait être rendue superflue par une plus ancienne (Réponse à Eberhard)*
VA	*Annonce du programme des leçons du semestre d'hiver, 1765-1766*
WA	*Qu'est-ce que les Lumières ?*

Traductions

Sauf pour les ouvrages indiqués ci-dessous, nous avons utilisé les traductions publiées chez Gallimard dans la Bibliothèque de la Pléiade (*Œuvres philosophiques*, Paris, Gallimard, 1980-1986).

Critique de la raison pure. Édition publiée sous la direction de Ferdinand Alquié. Traduit par Alexandre J.-L. Delamarre et François Marty à partir de la traduction de Jules Barni, Paris, Gallimard, 1980.

Critique de la raison pratique. Traduit par Jean-Pierre Fussler, Paris, Flammarion, 2003.

Fondements de la métaphysique des mœurs. Traduit par Alexis Philonenko à partir de la traduction de Victor Delbos, Paris, Vrin, 1997.

Prolégomènes à toute métaphysique future. Traduit par Louis Guillermit et introduit par Jules Vuillemin, Paris, Vrin, 1993.

Réponse à Eberhard. Traduit par Jocelyn Benoist, Paris, Vrin, 1999.

TABLE DES MATIÈRES

TROISIÈME PARTIE

LIBERTÉ ET IPSÉITÉ

KANT À LA MÊME LIBRAIRIE

Emmanuel Kant et Alexander Gottlieb Baumgarten, *Réflexions sur la philosophie morale. Principes de la philosophie pratique première*, textes présentés et traduits par L. Langlois en collaboration, pour la traduction, avec M. Robitaille et É.-J. Poliqui, 2015

Rêves d'un visionnaire, introduction, ntroduction, traduction et notes par F. Courtès, 2013

Métaphysique des mœurs. Première partie : Doctrine du droit, introduction, traduction et notes par A. Philonenko ; préface de M. Villey, 2011

Réflexions métaphysiques. 1780-1789, introduction, traduction et notes par S. Grapotte, 2011

De l'amphibologie des concepts de la réflexion (Critique de la raison pure), introduction, traduction et notes par M. Haumesser, 2010

Abrégé de philosophie, introduction, traduction et notes par A. Pelletier, 2009

Emmanuel Kant et Michel Foucault, *Anthropologie du point de vue pragmatique. Introduction à l'Anthropologie*, traduction de M. Foucault, 2008

Vers la paix perpétuelle. Un projet philosophique, introduction, traduction et notes par M. Marcuzzi, 2007

La dissertation de 1770, texte, traduction, introduction et notes par A. Pelletier, 2007

Qu'est-ce que s'orienter dans la pensée ?, traduction et notes par A. Philonenko, 2001

L'unique argument possible d'une démonstration de l'existence de Dieu, introduction, traduction et notes par R. Theis, 2001

Projet de paix perpétuelle. Esquisse philosophique (1795), texte et traduction de J. Gibelin, 1999

Réponse à Eberhard, introduction, traduction et notes par J. Benoist, 1999

Histoire et politique. Idée pour une histoire universelle du point de vue cosmopolitique. Conjecture sur le commencement de l'histoire humaine. Le conflit des Facultés, traduction par G. Leroy, 1999

Prolégomènes à toute métaphysique future qui pourra se présenter comme science, traduction par L. Guillermit ; préface de J. Vuillemin, 1997

Logique, traduction par L. Guillermit, 1997

Première introduction à la critique de la faculté de juger (1789). D'un ton grand seigneur adopté naguère en philosophie (1796). Annonce de la proche conclusion d'un traité de paix perpétuelle en philosophie (1796), traduction par L. Guillermit, 1997

Métaphysique des Mœurs. Deuxième partie : Doctrine de la vertu, traduction et notes par A. Philonenko, 1996

Remarques touchant les observations sur le sentiment du beau et du sublime, introduction, traduction et notes par B. Geonget ; préface de B. Bourgeois, 1994

Anthropologie du point de vue pragmatique, traduction de M. Foucault, 1994

La religion dans les limites de la simple raison, traduction de J. Gibelin, revue par M. Naar, 1994

Critique de la faculté de juger, traduction par A. Philonenko, 1993

Réflexions sur l'éducation, traduction par A. Philonenko, 1993

Fondements de la métaphysique des mœurs, traduction par V. Delbos ; introduction et notes par A. Philonenko, 1992

Observations sur le sentiment du beau et du sublime, traduction par R. Kempf, 1992

Essai pour introduire en philosophie le concept de grandeur négative, traduction par R. Kempf, 1991

Manuscrit de Duisbourg (1774-1775). Choix de réflexions des années 1772-1777, traduction par F.-X. Chenet, 1989

Théorie et pratique. Droit de mentir, traduction par L. Guillermit, 1988

Le conflit des facultés en trois sections, traduction par J. Gibelin, 1988

Histoire générale de la nature et Théorie du ciel (1755), traduction, introduction et notes par P. Kerszberg, A.-M. Roviello et J. Seidengart, 1984

Recherches sur l'évidence des principes de la théologie naturelle et de la morale. Annonce du programme des leçons de M. E. Kant durant le semestre d'hiver 1765-1766, traduction par M. Fichant, 1973

Achevé d'imprimer en décembre 2021 par *La Manufacture - Imprimeur* – 52200 Langres
Imprimé en France – N° d'imprimeur : 211311 – Dépôt légal : janvier 2022